Giacon

Puccinis Oper *Tosca* lag ein Bühnenstück von Victorien Sardou zugrunde, das der Komponist in Mailand mit der berühmten Schauspielerin Sarah Bernhardt gesehen hatte. Es handelt sich teilweise um eine historische Begebenheit zur Zeit Napoleons, um die Tragödie der namhaften Sängerin Floria Tosca. Nach vielen Bemühungen gelang es Puccini, Sardous Zustimmung für eine Oper mit diesem Inhalt zu bekommen, und 1900 fand in Rom die Uraufführung von *Tosca* statt – mit einem überwältigenden Erfolg für den Komponisten.

Giacomo Puccini

Tosca

Textbuch (Italienisch – Deutsch)
Einführung und Kommentar
von Kurt Pahlen
unter Mitarbeit von Rosmarie König

SCHOTT

Bibliografische Information der Deutschen Nationalbibliothek
Die Deutsche Nationalbibliothek verzeichnet diese Publikation in der Deutschen
Nationalbibliografie; detaillierte bibliografische Daten sind im Internet über
http://dnb.d-nb.de abrufbar.

Libretto: Originaltext von Giuseppe Giacosa und Luigi Illica, nach dem Drama von
Victorien Sardou

Abdruck der Notenbeispiele und des italienischen Librettos erfolgt mit freundlicher
Genehmigung des Verlages G. Ricordi & C.S.p.A., Mailand
Übersetzung: Günther Rennert

Abbildungen: Bildarchiv der Österreichischen Nationalbibliothek: S. 250;
Alfred Linares, Wien: S. 240; Archiv Ricordi, Mailand: S. 190; Sabine Toepffer,
München: S. 191, 192, 195, 196, 201, 204/205, 207, 208, 210/211 und 213.
Alle übrigen Abbildungen stammen aus dem Archiv von Kurt Pahlen.

Bestellnummer SEM 8014
ISBN 978-3-254-08014-1
Originalausgabe Juni 1984
© 2001, 2010 Schott Music GmbH & Co. KG, Mainz

www.schott-music.com
www.schott-buch.de

Herstellung: BoD – Books on Demand, Norderstedt
Printed in Germany · BSS 46525

Opern der Welt

Inhalt

Giacomo Puccini (1858–1924)

Zur Aufführung

TITEL
»Tosca«

BEZEICHNUNG
Oper in drei Akten. Text von Giuseppe Giacosa und Luigi
Illica, nach dem Drama von Victorien Sardou.
(In der deutschen Übersetzung von Günther Rennert)

Musik: Giacomo Puccini
Uraufführung: 14. Januar 1900 in Rom
(Teatro Costanzi)

PERSONENBEZEICHNUNG

Floria Tosca,
berühmte Sängerin . . . . Dramat. Sopran
Mario Cavaradossi, Maler . . . . Lyrischer Tenor
Baron Scarpia,
Polizeichef von Rom . . . . Bariton
Cesare Angelotti . . . . Baß
Der Mesner (Sakristan)
der Kirche Sant'Andrea . . . . Bariton
Spoletta ⎱ Polizeibeamte in   Tenor
Sciarrone ⎰ Diensten Scarpias   Baß
Ein Gefängniswärter . . . . Baß
Ein Hirt . . . . Knabenstimme
Gemischter Chor, Kinderchor.

Zahlreiche Komparserie: ein Kirchenaufzug mit Kardinal und
anderen Würdenträgern im 1. Akt; ein Richter und Folter-
knechte im 2. Akt; ein Erschießungskommando und verschiedene Gestalten im 3. Akt.

SCHAUPLÄTZE UND ZEIT

An einem Tag Mitte Juni 1800 und in der darauffolgenden Nacht, unmittelbar nach der siegreichen Schlacht Napoleons gegen die Österreicher und Neapolitaner bei Marengo.

1. Akt: Das Innere der römischen Kirche Sant'Andrea. (Im Textbuch als »Sant'Andrea della Valle« angegeben, wahrscheinlich aber eher mit Sant'Andrea al Quirinale zu identifizieren.)
2. Akt: Im Palazzo Farnese, Büro des Polizeichefs Scarpia.
3. Akt: Auf der Plattform der Engelsburg (Castel Sant'Angelo), römisches Staatsgefängnis.

ORCHESTERBESETZUNG

3 Flöten (davon 2 auch Piccolo), 2 Oboen, Englischhorn, 2 Klarinetten, Baßklarinette, 3 Fagotte, 4 Hörner, 3 Trompeten, 4 Posaunen, Pauken, Celesta, Carillon, Glocken, Glockenspiel, 2 Harfen, Orgel, die üblichen Streicher (Geigen, Bratschen, Violoncelli, Kontrabässe).
Ferner auf der Bühne: 1 Flöte, 1 Bratsche, 1 Harfe, 1 Trommel.

AUFFÜHRUNGSDAUER

(ohne Pausen) knappe 2 Stunden. (1. Akt ungefähr 45 Minuten; 2. Akt ungefähr 38 Minuten; 3. Akt ungefähr 27 Minuten).

Kompletter Text
mit
musikalischen Erläuterungen

Wuchtige Orchesterschläge, fast gewalttätig (was dieses kurze Motiv in einen Zusammenhang mit Scarpia bringen kann), drei Harmonien in stark auffallender, (damals) ungewohnter Aufeinanderfolge: B-Dur, As-Dur, E-Dur:

(1)

Sofort geht der Vorhang auf, die veristische Oper liebt die langen Orchestervorspiele nicht. Ein zweites Motiv schließt unmittelbar an: es deutet das atemlose Gehetztwerden eines Flüchtlings an, der um sein Leben kämpft:

(2)

Es wird leiser, ohne seine Unruhe zu verlieren, seine chromatisch absteigende Linie klingt hoffnungslos, die Aufeinanderfolge »verminderter Intervalle« – hier des besonders beklemmend klingenden »Tritonus« – steigert das Gefühl von Pein und Todesangst:

(Notenbeispiel S. 12)

10

ERSTER AKT

In der Kirche von Sant' Andrea della Valle

Rechts die Kapelle der Familie Attavanti. Links ein Malgerüst, darauf ein großes mit einer Leinwand bedecktes Gemälde. Verschiedenes Malgerät. Ein Eßkorb.

ATTO PRIMO

La Chiesa di Sant'Andrea della Valle.

A destra la Cappella Attavanti. A sinistra un impalcato: su di esso, un gran quadro coperto da tela. Attrezzi vari da pittore. Un paniere.

11

(3)

*Angelotti stößt seine ersten Worte atemlos, fast im Sprechgesang,
hervor. Immer wieder ängstigen ihn die Motive der Verfolgung
(Nr. 2).*

*Endlich findet er, in höchster Panik, den gesuchten und von
seiner Schwester für ihn versteckten Schlüssel: Im begleitenden
Orchester tritt deutlich eine Beruhigung ein.*

(Angelotti in Sträflingskleidern, die zerfetzt und beschmutzt sind, vor Furcht zitternd, eilt angstvoll zur Seitentür herein und schaut sich rasch nach allen Seiten um.)

(Angelotti vestito da prigioniero, lacero, sfatto, tremante dalla paura, entra ansante, quasi correndo, dalla porta laterale. Dà una rapida occhiata intorno.)

Angelotti: Ah! Endlich sicher!
Ganz erstarrt vor Schrecken
sah ich überall
Blicke von Verfolgern.
(fährt erschrocken zusammen; dann mustert er langsam und ruhiger seine Umgebung. Mit einem Seufzer der Erleichterung bemerkt er den Pfeiler mit dem Weihwasserbecken und der Madonna.)
Das Becken an der Säule . . .
»Zu Füßen der Madonna«,
so schrieb mir meine
Schwester . . .
(geht auf die Säule zu, sucht nach dem Schlüssel auf dem Postament des Madonnenbildes, findet ihn nicht und sucht fieberhaft von neuem, gibt seiner Enttäuschung Ausdruck, sucht erneut und findet endlich den Schlüssel, einen Freudenschrei unterdrückend.)
Hier ist der Schlüssel . . .

Angelotti: Ah! Finalmente!
Nel terror mio stolto
vedea ceffi di birro in ogni
volto.
(Ha un moto di spavento, poi torna a guardare attentamente intorno a sè con più calma a riconoscere il luogo. Dà un sospiro di sollievo vedendo la colonna colla pila dell'acqua santa e la Madonna.)
La pila . . . la colonna . . .
»A piè della Madonna«
mi scrisse mia sorella . . .

(Si avvicina alla colonna e cerca la chiave ai piedi della statua della Madonna. Non trova; agitatissimo cerca di nuovo. Fa un atto di scoraggiamento e riprende a cercare. Finalmente, con un soffocato grido di gioia, trova la chiave.)

Ecco la chiave . . .

Die Musik nimmt einen ganz anderen Charakter an: Der Mesner taucht auf, und das Orchester malt ihn als lebenslustigen, nicht sehr »geistlichen« Herrn:

Die beinahe fröhliche Musik begleitet seinen Rundgang durch die Kirche, sein Näherkommen ...

(Er zeigt spontan nach der Kapelle Attavanti.)
Und da ist die Kapelle!
(Von neuer Furcht ergriffen, entdeckt zu werden, blickt er sich um, eilt auf die Kapelle zu, steckt äußerst vorsichtig den Schlüssel ins Schloß, öffnet das Gitter, schließt es hinter sich ab und verschwindet.)

(Rapidamente additando la Cappella Attavanti)
ed ecco la Cappella! . . .
(Preso da nuovo timore d'essere spiato, si guarda d'attorno, poi si dirige alla Cappella; con gran precauzione introduce la chiave nella serratura, apre la cancellata, e scompare dopo aver rinchiuso il cancello.)

(Der Mesner erscheint im Hintergrund, geht von rechts nach links, um die Kirche zu inspizieren; in einer Hand trägt er ein Bündel Pinsel.)

(Il sagrestano appare dal fondo: va da destra a sinistra, accudendo al governo della chiesa: avrà in una mano un mazzo di pennelli.)

(Der Mesner nähert sich dem Gerüst und spricht mit lauter Stimme, als ob er seine Worte an einen Anwesenden richtete.)
Mesner: Immer nur Arbeit!
(nervöses Zucken; ein unfreiwilliges Zusammenziehen von Hals und Schultern)

(Il sagrestano si avvicina all'impalcato, parlando ad alta voce come se rivolgesse la parola a qualcuno.)
Sagrestano: E sempre lava! . . .
(tic nervoso segnato da un rapido movimento del collo e delle spalle)

seine Empörung über die schmutzigen Pinsel . . .

sein Erstaunen, den Maler Cavaradossi nicht vorzufinden . . .

seine Untersuchung des Eßkorbs.

Eine Glocke (stets auf dem tiefen F) ertönt, im Orchester setzt eine Harfe diesen Ton in höherer Lage fort. Der Mesner singt, fast rezitierende, das Gebet zur Angelus-Andacht (hier: als Nachmittagsgebet), wobei er den Glockenton übernimmt:

(Fortsetzung des Notenbeispiels S. 18)

Dreckig sind diese Pinsel!
Dreckiger als das Hemd von
Bettelmönchen...
Verehrter Meister...
*(Er blickt zum Gerüst hinauf und
findet es zu seiner Überraschung
leer.)*
Was? Kein Maler?
Ich hätt' geschworen,
daß längst er schon zurück sei,
der Cavalier Cavaradossi.
*(Er legt die Pinsel hin und steigt
auf das Gerüst; schaut in den Eß-
korb.)*
Nein, Irrtum!
Unberührt der Eßkorb.
*(Steigt wieder herab. Das Angelus
wird geläutet. Der Mesner kniet
nieder und betet leise.)*

Angelus Domini nuntiavit
Mariae,

Ogni pennello è sozzo
peggio d'un collarin d'uno sca-
gnozzo.
Signor pittore...
*(Guarda sull'impalcato; è sorpre-
so vedendolo deserto.)*

Tò!... Nessuno. Avrei giu-
rato
che fosse ritornato
il cavalier Cavaradossi.
*(Depone i pennelli e sale sull'im-
palcato, guarda dentro il paniere.)*
No, sbaglio. Il paniere è in-
tatto.
*(Scende dall'impalcato. Suona
l'Angelus. Il Sagrestano si inginocchia e prega sommesso.)*

Angelus Domini nuntiavit
Mariae,

(5)

Mit dem Eintritt Cavaradossis bringt das Orchester ein neues
Motiv: Es ist für den lebens- und liebesfrohen Maler merkwürdig
dunkel und ernst–, deutet es schon dessen tragisches Schicksal
an?

(6)

Das Motiv hellt sich langsam auf, als Cavaradossi das Gemälde
betrachtet, an dem er arbeitet.

18

et concepit de Spiritu Sancto.
Ecce ancilla Domini;
fiat mihi secundum verbum
tuum;
et verbum caro factum est
et habitavit in nobis . . .

et concepit de Spiritu Sancto.
Ecce ancilla Domini;
fiat mihi secundum Verbum
tuum.
Et Verbum caro factum est
et habitavit in nobis.

Cavaradossi (tritt durch die Sei-
tentür und erblickt den knien-
den Mesner):
Was machst du?
Mesner (steht auf):
Ich bet' das Angelus.

Cavaradossi (dalla porta laterale,
vedendo il Sagrestano in ginoc-
chio):
Che fai?
Sagrestano (alzandosi):
Recito l'Angelus.

(Cavaradossi steigt auf das Gerüst
und enthüllt das Bild. Es stellt
eine Maria Magdalena mit großen
blauen Augen und vollen gold-
blonden Haaren dar. Der Maler
betrachtet sein Bild mit prüfenden
Blicken.)

(Cavaradossi sale sull'impalcato e
scopre il quadro. È una Maria
Maddalena a grandi occhi azzurri
con una gran pioggia di capelli
dorati. Il pittore vi sta dinanzi
muto attentamente osservando.)

Der Dialog der beiden Männer – für die Handlung wichtig – wird sparsam untermalt, um verständlich zu bleiben. Ein komisch empörter Ausruf des Mesners beschließt die Szene.

Ein neues Motiv taucht auf, als der Maler sich voll seinem Gemälde zuwendet; es ist melodisch ausdrucksvoll, ohne zur geschlossenen Melodie zu werden und erhält seinen Sinn durch die nachfolgende Arie, deren Einleitung es darstellt:

(Fortsetzung des Notenbeispiels S. 22)

(Der Mesner wendet sich zu Cavaradossi, um ihm etwas zu sagen. Dabei fällt sein Blick auf das Bild, und er ruft verwundert aus):
Sankt Andreas!
Ganz wie sie selber!
Cavaradossi (wendet sich zu dem Mesner):
Wie wer?
Mesner: Wie jene Dame,
die schon seit Tagen des öfteren hierherkam,
um zur Madonna zu beten ...
(Er deutet mit dem Daumen nach der Madonna, wo Angelotti den Schlüssel fand.)
Cavaradossi (lächelnd):
So ist es.
Tief im Gebet war sie versunken,
ganz dem Herrn ergeben,
so daß sie gar nicht merkte,
daß ich sie malte.
Mesner (empört):
Weiche, Satanas, weiche!
Cavaradossi (zum Mesner, der gehorcht):
Gib mir die Farben!
(Cavaradossi malt sehr eifrig und macht mitunter eine Pause, um seine Arbeit zu betrachten; der Mesner geht und kommt, nimmt dann wieder die Pinsel und wäscht sie in einem Napf aus, der am Fuße des Gerüstes steht.
Cavaradossi hört zu malen auf, zieht aus der Tasche ein Medaillon, das eine Miniatur enthält, und läßt seine Augen von dem Medaillon zu seinem Bild schweifen.)

(Sagrestano, volgendosi verso Cavaradossi per dirigergli la parola, vede il quadro scoperto ed esclama con grande meraviglia):
Sante ampolle!
Il suo ritratto! ...
Cavaradossi (volgendosi al Sagrestano):
Di chi?
Sagrestano: Di quell'ignota
che i dì passati a pregar qui
venìa
tutta devota – e pia.
(Con untuosa attitudine accennando verso la Madonna, dalla quale Angelotti trasse la chiave.)
Cavaradossi (sorridendo):
È vero.
E tanto ell'era
infervorata nella sua preghiera
ch'io ne pinsi, non visto, il bel
sembiante.

Sagrestano (scandalizzato):
Fuori, Satana, fuori!
Cavaradossi (al Sagrestano, che eseguisce):
Dammi i colori!
(Cavaradossi dipinge con rapidità, soffermandosi spesso a riguardare il proprio lavoro, mentre il Sagrestano va e viene, poi riprende i pennelli che lava in una catinella ai piedi dell'impalcato.

Cavaradossi ristà dal dipingere; leva di tasca un medaglione contenente una miniatura e gli occhi suoi vanno dal medaglione al quadro.)

(7)

Dann singt Cavaradossi die erste seiner beiden berühmt gewordenen Arien. (Die veristische italienische Oper geht nicht so weit, die Arien, seit Jahrhunderten Rückgrat des Genres, ganz abschaffen zu wollen; sie schränkt lediglich deren, gegenüber Verdi etwa, Zahl mehr oder weniger ein):

(Fortsetzung des Notenbeispiels S. 24)

Cavaradossi: Sie gleichen sich an
Schönheit,
doch verschieden sind beide!

Cavaradossi: Recondita armonia
di bellezze diverse!...

(8)

*(Um den arienhaften Charakter ein wenig zu verschleiern, mur-
melt der Mesner gelegentlich einige Worte hinein.)*

Die dunkle Floria,
die heiß für mich entbrannte.
Mesner (vor sich hinbrummend):

Immer nur scherzen,
niemals fromm im Herzen!
*(Er holt frisches Wasser, um die
Pinsel zu waschen.)*

È bruna Floria,
l'ardente amante mia,
*Sagrestano (a mezza voce, come
brontolando):*
Scherza coi fanti
e lascia stare i santi.
*(S'allontana per prendere l'acqua
onde pulire i pennelli.)*

Cavaradossi: Und jene fremde
Schöne
mit den blonden Haaren:
Blau sind ihre Augen,
schwarz sind die von Tosca!
*Mesner (kommt empört aus dem
Hintergrund):*

Immer nur scherzen,
niemals fromm im Herzen!
*(fängt wieder an, die Pinsel zu
waschen)*

Cavaradossi: e te, beltade ignota,
cinta di chiome bionde!
Tu azzurro hai l'occhio,
Tosca ha l'occhio nero!

*Sagrestano (ritornando dal fon-
do, e sempre scandalizzato, dice fra sè):*
Scherza coi fanti
e lascia stare i santi.
(riprende a lavare i penelli)

Das Orchester läßt die Melodik der Arie noch eine Zeitlang ausklingen (Stimmungselement oder Vorsichtsmaßnahme Puccinis, um Handlungsteile nicht im wahrscheinlichen Applaus nach der Arie untergehen zu lassen?).

Cavaradossi: Einzig die Kunst vermag es,
solche Gegensätze zu vereinen!
Doch hier in diesem Bilde
lebt ein einz'ger Gedanke:
meine Liebe gilt nur dir,
Tosca, nur dir!
(Er malt weiter.)
Mesner: Ja, diese vielen Weiber,
sie machen Konkurrenz allen
Madonnen.
In die Hölle mit ihnen!

(trocknet unter ständigem Brummen die Pinsel ab)
Immer nur scherzen,
niemals fromm im Herzen!
Mit diesen Burschen von Voltairianern,
den Feinden unsrer heiligen Regierung,
hat niemand gern zu schaffen!
(Er stellt den Napf unter das Gerüst und steckt die Pinsel in ein neben dem Maler stehendes Gefäß.)
Immer nur scherzen,
niemals fromm im Herzen!
(nach Cavaradossi zeigend)
Ja, alle sind sie Ketzer,
wahrlich alle! *(bekreuzt sich)*
So machen wir ein Kreuz
und lassen's gut sein.
(zu Cavaradossi)
Darf ich gehen? Pflichten ...
Cavaradossi: Ganz nach Belieben!
(malt weiter)

Cavaradossi: L'arte nel suo mistero
le diverse bellezze insiem confonde:
ma nel ritrar costei
il mio solo pensiero,
ahi il mio sol pensier sei tu!
Tosca, sei tu!
(continua a dipingere.)
Sagrestano: Queste diverse gonne
che fanno concorrenza alle Madonne
mandan tanfo d'inferno.

(asciuga i pennelli lavati, non senza continuare a borbottare.)
Scherza coi fanti
e lascia stare i santi.
Ma con quei cani di volterriani
nemici del santissimo governo
non c'è da metter voce! ...

(Pone la catinella sotto l'impalcato ed i pennelli li colloca in un vaso, presso al pittore.)

Scherza coi fanti
e lascia stare i santi.
(accennando a Cavaradossi)
Già, sono impenitenti tutti quanti! *(Eseguisce)*
Facciam piuttosto il segno della croce.
(a Cavaradossi)
Eccellenza, vado.
Cavaradossi: Fa il tuo piacere!

(continua a dipingere.)

27

*Dann begleitet das fröhliche Motiv des Mesners (Nr. 4) dessen
Abgang.*

*Als Angelotti am Tor der Grabkapelle sichtbar wird, bringt das
Orchester das »Verfolgungsmotiv« (Nr. 2), geht aber beim
Erkennen der beiden Männer in ein neues Motiv über, das
sicherlich das einer äußerst starken inneren Bewegung ist:*

(Fortsetzung des Notenbeispiels S. 30)

28

Mesner (zeigt auf den Korb):
Und diesen Korb hier
voll schöner Sachen...
Cavaradossi: Ich mag heut nicht.
Mesner (reibt sich vergnügt die
Hände):
So? Das ist schade!
(kann aber seine Freude nicht ver-
hehlen, wirft einen begehrlichen
Blick nach dem Korb und stellt
ihn dann für sich beiseite. Nimmt
zwei Prisen Tabak.)
Schließt dann,
wenn Ihr nach Haus geht.
Cavaradossi (malt weiter): Geh!
Mesner (im Hintergrund ab):
Ja!
(Cavaradossi arbeitet, der Kapel-
le den Rücken zukehrend. Ange-
lotti, der die Kirche leer glaubt,
erscheint hinter dem Gitter und
steckt den Schlüssel ins Schloß.)
Cavaradossi (wendet sich beim
Geräusch des Schließens um):
Da sind ja Leute!
(Bei der Bewegung Cavaradossis
steht Angelotti starr vor Schreck
und will in die Kapelle zurückflie-
hen, als er aber aufblickt, stößt er
einen halb unterdrückten Freu-
denschrei aus. Er hat den Maler
erkannt und streckt ihm wie einem
unverhofften Retter die Arme ent-
gegen.)
Angelotti: Ihr! Cavaradossi!
Euch schickt der Himmel!

Sagrestano (indicando il cesto):
Pieno è il paniere...
Fa penitenza?
Cavaradossi: Fame non ho.
Sagrestano (ironico, stropiccian-
dosi le mani):
Oh!... mi rincresce!
(Ma non può trattenere un gesto
di gioia e uno sguardo d' avidità
verso il cesto, che prende ponen-
dolo un po' in disparte. Fiuta due
prese di tabacco.)
Badi, quand'esce chiuda.

Cavaradossi (dipingendo): Va!
Sagrestano (s'allontana per il
fondo): Vo.
(Cavaradossi volgendo le spalle
alla Cappella lavora. Angelotti,
credendo deserta la chiesa, appa-
re dietro la cancellata e introduce
la chiave per aprire.)
Cavaradossi (al cigolìo della ser-
ratura si volta):
Gente là dentro!
(Al movimento fatto da Cavara-
dossi, Angelotti, atterito, si arre-
sta come per rifugiarsi ancora nel-
la Cappella, ma, alzati gli occhi,
un grido di gioia, che egli soffoca
tosto tutto timoroso, erompe dal
suo petto. Egli ha riconosciuto il
pittore e gli stende le braccia come
ad un aiuto insperato.)
Angelotti: Voi! Cavaradossi!
Vi manda Iddio!

(9)

(Es sei hier ausdrücklich davor gewarnt, bei Puccinis – und vielen anderen – Opern wagnerische Kriterien in bezug auf »Leitmotive« anzuwenden, trotzdem gibt es Ähnlichkeiten.)

Wieder erklingt mit voller Kraft das Verfolgungsmotiv (Nr. 2) und dann in das erregte Streichertremolo hinein, zu Angelottis erklärenden Worten seiner Lage, ein neues markantes Motiv der Violoncelli und Fagotte:

(Fortsetzung des Notenbeispiels S. 32)

30

(Cavaradossi erkennt Angelotti nicht und bleibt erstaunt auf seinem Gerüst stehen. Angelotti geht näher, um erkannt zu werden.)
Ihr erkennt mich nicht mehr!
Der Kerker hat mich allzusehr verändert!
Cavaradossi (erkennt ihn, legt rasch Palette und Pinsel beiseite und steigt von dem Gerüst zu Angelotti hinunter, wobei er sich vorsichtig umsieht):
Angelotti!
Der Konsul der ehemaligen Republik von Rom!
(läuft zur Seitentür, um sie abzuschließen.)
Angelotti (geht Cavaradossi entgegen; geheimnisvoll):
Ich bin entflohen vom Castel Sant' Angelo . . .

(Cavaradossi non riconosce Angelotti e rimane attonito sull'impalcato. Angelotti si avvicina di più onde farsi conoscere.)
Non mi ravvisate?
Il carcere m' ha dunque assai mutato!
Cavaradossi (Riconoscendolo, depone rapido tavolozza e pennelli e scende dall'impalcato verso Angelotti guardandosi cauto intorno):
Angelotti!
Il Console della spenta repubblica romana.
(Corre a chiudere la porta laterale.)
Angelotti (andando incontro a Cavaradossi, con mistero):
Fuggii pur ora da Castel Sant' Angelo . . .

(10)

Es erklingt mehrmals, unterbrochen von einer weicheren Ton-folge (harfengestützte Holzbläser), die Toscas Rufe von außen begleitet.

Cavaradossi (mit Wärme):
Was kann ich für Euch tun?
Tosca (von außen):
Mario!
(Cavaradossi gibt Angelotti einen raschen Wink zu schweigen.)

Cavaradossi:
Versteckt Euch schnell!
Eifersucht ist gefährlich.
Nur einen Augenblick, dann geht sie.
Tosca: Mario!
Cavaradossi (gegen die kleine Tür, woher Toscas Stimme kommt):
Hier bin ich!
Angelotti (lehnt sich in einem Schwächeanfall an das Gerüst und stöhnt auf):
Ich bin völlig entkräftet, kann nicht weiter.
(Cavaradossi holt rasch den Eßkorb vom Gerüst und gibt ihn Angelotti.)
Cavaradossi:
Den Eßkorb nehmt mit,
das wird Euch helfen.
Angelotti: Danke!
Cavaradossi (spricht Angelotti Mut zu und drängt ihn in die Kapelle): Eilt Euch!
(Angelotti verschwindet in der Kapelle.)
Tosca (gereizt): Mario! Mario! Mario!
Cavaradossi (öffnet mit erheuchelter Ruhe die Tür):
Schon hier!

Cavaradossi (generosamente):
Disponete di me.
Tosca (di fuori):
Mario!
(Alla voce di Tosca, Cavaradossi fa un rapido cenno ad Angelotti di tacere.)
Cavaradossi:
Celatevi! È una donna . . . gelosa.
Un breve istante e la rimando.

Tosca: Mario!
Cavaradossi (verso la porticina di dove viene la voce di Tosca):

Eccomi!
Angelotti (colto da un eccesso di debolezza, si appoggia all'impalcato e dice dolorosamente):
Sono stremo di forze, più non reggo.
(Cavaradossi rapidissimo, sale sull'impalcato, ne discende col paniere e lo dà ad Angelotti.)
Cavaradossi:
In questo panier v'è
cibo e vino.
Angelotti: Grazie!
Cavaradossi (incoraggiando Angelotti lo spinge verso la Cappella): Presto!
(Angelotti entra nella Cappella.)

Tosca (stizzita): Mario! Mario! Mario!
Cavaradossi (fingendosi calmo apre a Tosca):
Son qui!

33

*Wenn Tosca hier auch mit einer an ihr ungewohnten Heftigkeit
eintritt, so begleitet sie im Orchester doch »ihr« Motiv, das ganz
Zärtlichkeit und Liebe ausdrückt und durch Harfen- und Cele-
staklang starke seelische Leuchtkraft erhält:*

(11)

(Tosca tritt mit einer gewissen Heftigkeit ein und schaut sich argwöhnisch um. Cavaradossi will Tosca umarmen. Tosca stößt ihn brüsk zurück.)

(Tosca entra con una specie di violenza, guardando intorno sospettosa. Cavaradossi si appressa a Tosca per abbracciarla. Tosca lo respinge bruscamente.)

Tosca: Wie, verschlossen?
Cavaradossi (mit gespielter Gleichgültigkeit):
   So wollte es der Mesner...
Tosca: Und mit wem sprachst du?
Cavaradossi: Mit dir!
Tosca: Aber ich hörte dich doch flüstern.
   Wo ist sie?
Cavaradossi: Wer?

Tosca: Perchè chiuso?
Cavaradossi (con simulata indifferenza):
   Lo vuole il Sagrestano.
Tosca: A chi parlavi?

Cavaradossi: A te!
Tosca: Altre parole bisbigliavi.
   Ov'è?...

Cavaradossi: Chi?

35

Das Motiv bleibt bestimmend, macht aber beim Aufflammen von Toscas Verdacht einem der vorherigen Angelotti-Motive (Nr. 9) vorübergehend Platz, um dann wieder voll zu erklingen. Die Stimmung der Liebenden bessert sich, obwohl Tosca die Zerstreutheit Cavaradossis bemerkt.

Tosca: Nun sie! Eine Frau ist's!
Ich hörte ihren Schritt
und das Rascheln ihres
Kleides...
Cavaradossi: Träumst du?
Tosca: Du leugnest?
Cavaradossi (leidenschaftlich):
Ich liebe dich nur!
(versucht Tosca zu küssen)
Tosca (mit leisem Vorwurf):
Oh! So nah bei der Madonna.
Nein, bester Freund,
ich will Blumen ihr bringen
und will beten.
*(Sie geht langsam zur Madonna
und ordnet kunstvoll ihre mitge-
brachten Blumen zu deren Füßen, kniet nieder und betet mit
tiefer Andacht, bekreuzt sich und
steht auf.)*
*Tosca (zu Cavaradossi, der in-
zwischen wieder an seine Arbeit gegangen ist):*
Und nun höre mir zu:
Heut abend sing' ich,
doch es dauert nicht lange,
und wenn du mich am Bühnen-
ausgang abholst,
dann gehen wir hinaus zu dei-
ner Villa.
*Cavaradossi (dessen Gedanken
anderswo weilten):*
Heut abend?
Tosca: Ja, es ist Vollmond,
und der Duft der Blumen füllt
die Nacht,
berauscht das Herz...
Bist du zufrieden?
*(setzt sich auf die Stufen, dicht
neben Cavaradossi)*

Tosca: Colei!... quella
donna!...
Ho udito i lesti
passi e un fruscio di vesti.
Cavaradossi: Sogni!
Tosca: Lo neghi?
Cavaradossi (con passione):
Lo nego e t'amo!
(Tenta di baciare Tosca)
Tosca (con dolce rimprovero):
Oh! innanzi la Madonna...
No, Mario mio,
Lascia pria che la preghi, che
l'infiori...
*(S' avvicina lentamente alla statua
della Madona e dispone con arte
intorno ad essa i fiori che ha portato con sè, s'inginocchia e prega
con grande fervore. Tosca se-
gnandosi, si alza.)*
*Tosca (a Cavaradossi che intanto
si è avviato per riprendere il
lavoro):*
Ora stammi a sentir:
stassera canto,
ma è spettacolo breve.
Tu m' aspetti sull'uscio della
scena
e alla tua villa andiam soli, so-
letti.
*Cavaradossi (che fu sempre sopra
pensiero):*
Stassera?!
Tosca: È luna piena
e il notturno effluvio floreal
inebria il cor.
Non sei contento?

*(Si siede sulla gradinata presso
Cavaradossi.)*

Mit einer zärtlichen kleinen Ariette drückt Tosca ihre Sehnsucht nach dem abendlichen Beisammensein mit dem Geliebten aus:

(12)

Meisterhaft steigert Puccini hier sowohl die Melodik wie die Instrumentation bis zum ersten großen Höhepunkt:

(13)

38

Cavaradossi (zerstreut): Sicher!
Tosca (betroffen von seinem
  gleichgültigen Tonfall):
  Sag es nochmal!
Cavaradossi: Sicher!
Tosca (aufgebracht):
  Wie klingt das häßlich!
  Von unserm Häuschen mit
  mir
  sollst du träumen,
  das ganz versteckt hinter blü-
  henden Bäumen,
  fern von der Neugier dieser
  weiten Welt
  uns allein umschlossen hält!

Cavaradossi (distratto): Tanto!
Tosca (colpita dall'accento fred-
  do di Cavaradossi):
  Tornalo a dir!
Cavaradossi: Tanto!
Tosca (stizzita):
  Lo dici male:
  non la sospiri la nostra casetta
  che tutta ascosa nel verde ci
  aspetta?
  nido a noi sacro, ignoto al
  mondo inter,
  pien d'amore e di mister?

Dir im Arm will ich lauschen
auf die Harmonien der zaube-
rischen Nacht,
wo Stern an Stern hernieder-
lacht.
Der Windhauch in den
Bäumen!
Der Duft der Wiesen!
Die Sterne!

Al tuo fianco sentire
per le silenziose
stellate ombre, salir
le voci delle cose!
Dai boschi, e dai roveti,
dall'arse erbe, dall'imo

*Immer weiter ergeht sich Tosca in liebevollen Träumen, und die
sind stets Puccinis vielleicht allerstärkste Seite.*

*Auf dem Höhepunkt des arienhaften Gesangs Toscas setzt, ihre
Stimme um einen noch höheren Spitzenton übertrumpfend,
Cavaradossi sieghaft ein, so daß dieses lyrische Intermezzo
gewissermaßen als Duett zu Ende geht.*

*Im Abgesang klingt ein Motiv auf, das vorher schon in Toscas
Ariette mehrmals zu hören war:*

(14)

*Um Cavaradossis Sorge wegen Angelotti zu unterstreichen,
schiebt Puccini hier – fast wagnerisch – das Verfolgungsmotiv
(Nr. 2) ein.*

Wie Silberfunken flimmern
sie dort in der Ferne!
Und leise dringt ein Flüstern
durch die nächtliche Stille,
(mit Beziehung)
als wollt' es uns verführen,
unser Herz zu verlieren.
Blüht auf ihr weiten Felder!
Wehe, kühler Windhauch vom
Meere!
In vollem Glanze strahlt des
Mondes Licht!
Ah, tau nieder heiße Lust,
gestirnter Himmel!
Tosca ist auf ewig dein!
Cavaradossi: Ah! Du siegtest
über Mario,
du Sirene!
Tosca (selbstverloren):
Deine Tosca, sie wird vor Lieb
vergehn!
Cavaradossi: Du Sirene, ich
komm'!
Tosca (lehnt den Kopf an Cavara-
dossis Schulter, der unwillkür-
lich sich von ihr löst und in die
Richtung schaut, wo Angelotti
verschwand):
Mein Geliebter!
Cavaradossi: Und nun zu meiner
Arbeit!
Tosca (überrascht):
Ich soll gehen?
Cavaradossi:
Ja, du weißt doch . . .
Es eilt!
Tosca (steht gekränkt auf):
Also geh ich!
(Sie wendet sich zum Gehen,
schaut noch einmal zu Cavara-

dei franti sepolcreti
odorosi di timo,
la notte escon bisbigli
di minuscoli amori
(con intenzione)
e perfidi consigli
che ammolliscono i cuori.
Fiorite, o campi immensi; pal-
pitate,
aure marine, nel lunare albor;
ah, piovete voluttà, volte stellate!
Arde in Tosca un folle amor!

Cavaradossi: Ah! M'avvinci ne'
tuoi lacci! . . .
mia sirena!
Tosca (con abbandono):
Arde a Tosca nel sangue il folle
amor!
Cavaradossi: Mia sirena, verrò!

Tosca (reclinando la testa sulla
spalla di Cavaradossi, che qua-
si subito si allontana un poco
guardando verso la parte don-
de uscì Angelotti):
O mio amore!
Cavaradossi: Or lasciami al la-
voro.
Tosca (sorpresa):
Mi discacci?
Cavaradossi:
Urge l'opra,
lo sai!
Tosca (stizzita, alzandosi):
Vado, vado!
(S'allontana un poco da Cavara-
dossi, poi voltandosi per guar-

41

Im folgenden Dialog der beiden Liebenden wechseln in großer Erregung die Motive 14 und 2 miteinander ab.

Trotz Cavaradossis Versuchen, Tosca zu beruhigen, bricht ihre Eifersucht voll aus, und im Orchester erklingt dazu das kaum veränderte Motiv Nr. 9:

(Notenbeispiel S. 44)

dossi, dabei fällt ihr Blick auf das Bild, und sie geht höchst erregt wieder auf Cavaradossi zu.)

Wer ist die Blondine da auf dem Bild?

Cavaradossi (ruhig):
Die Magdalena.
Du magst sie?

Tosca: Ich find sie zu schön!

Cavaradossi (verbeugt sich lachend):
Zu viel der Ehre!

Tosca (argwöhnisch):
Lachst du?
Die blauen Augen kommen mir bekannt vor!

Cavaradossi (gleichgültig):
Blaue Augen gibt's viele!

Tosca (sucht sich zu erinnern):
Nein, warte . . .
Das ist doch . . .
    (Sie steigt auf das Gerüst.)
    (triumphierend)
Die Attavanti!

Cavaradossi (lacht): Bravo!

Tosca (von Eifersucht übermannt):
Du siehst sie?
Liebst sie?
(weinend)
Du liebst sie?

Cavaradossi (sucht sie zu beruhigen):
Ein reiner Zufall . . .

darlo, vede il quadro, ed agitatissima ritorna presso Cavaradossi.)

Chi è quella donna bionda lassù?

Cavaradossi (calmo):
La Maddalena.
Ti piace?

Tosca: È troppo bella!

Cavaradossi (ridendo ed inchinandosi):
Prezioso elogio.

Tosca (sospettosa):
Ridi?
Quegl' occhi cilestrini già li vidi . . .

Cavaradossi (con indifferenza):
Ce n'è tanti pel mondo!

Tosca (cerca di ricordarsi):
Aspetta . . .
Aspetta . . .
    (Sale sull'impalcato.)
    (trionfante)
È l'Attavanti!

Cavaradossi (ridendo): Brava!

Tosca (vinta dalla gelosia):

La vedi?
T'ama?
(piangendo)
Tu l'ami?

Cavaradossi (procura di calmarla):
Fu puro caso . . .

(15)

Es ist Cavaradossi gelungen, Tosca zu beruhigen – Zeit für eine
kleine lyrische Ariette:

(Notenbeispiel S. 46)

Tosca (ohne auf ihn zu hören, in eifersüchtigem Zorn):
Die Schritte und das
Getuschel . . .
Sie war hier in der Kirche!
Cavaradossi: So hör doch!
Tosca: Ah, diese Dirne!
(drohend)
Das mir! Das mir!
Cavaradossi (ernst):
Ich sah sie gestern.
Es war reiner Zufall.
Sie kam her zum Beten.
Ich malte sie ganz heimlich . . .
Tosca: Schwöre!
Cavaradossi (ernst): Ja doch!
Tosca (immer mit Blick auf das Bild):
Wie sie mich immer anstarrt!
Cavaradossi: Ach, laß doch . . .
Tosca: Wie höhnisch sind die
Augen . . .
Cavaradossi (nötigt Tosca sanft, die Treppe hinabzusteigen):
Ach, Unsinn!
(Tosca steigt rückwärts die Treppe hinab, die Hände in denen Cavaradossis, ohne einen Blick von dem Bild zu lassen. Cavaradossi zieht Tosca an sich und blickt ihr leidenschaftlich in die Augen.)
Tosca (mit leisem Vorwurf):
Ach, die Augen!

Tosca (non ascoltandolo, con ira gelosa):
Quei passi
e quel bisbiglio . . .
Ah! Qui stava pur ora!
Cavaradossi: Vien via!
Tosca: Ah, la civetta!
(minacciosa)
A me! A me!
Cavaradossi (serio):
La vidi ieri, ma fu puro
caso. A pregar qui venne . . .
non visto la ritrassi.

Tosca: Giura!
Cavaradossi (serio): Giuro!
Tosca (sempre cogli occhi rivolti al quadro):
Come mi guarda fiso!
Cavaradossi: Vien via . . .
Tosca: Di me, beffarda, ride.

Cavaradossi (Spinge dolcemente Tosca a scendere la gradinata):
Follia!
(Tosca discende all'indietro tenendo alte le sue mani in quelle di Cavaradossi senza cessare di guardare il quadro. Cavaradossi tiene Tosca affettuosamente presso di sè, fissandola negli occhi.)
Tosca (con dolce rimprovero):
Ah, quegli occhi . . .

(16)

Cavaradossi:

Wo gäb's auf Erden so schwarze Augen,
die so voller Feuer wie deine?
Wie oft schau' ich hinein in
diese Augen
und fühl' mich vergehen.
Ob diese Augen lieben, ja, ob
sie hassen:
Wo gäb's auf Erden so schwarze Augen,
so feurig wie deine?

Cavaradossi:

Qual occhio al mondo può star
di paro
all'ardente occhio tuo nero?
È qui che l'esser mio s'affisa
intero.
Occhio all'amor soave, all'ira
fiero,
qual altro al mondo può star di
paro
all'occhio tuo nero?

*Diese Ariette weitet sich mit einer melodischen Antwort Toscas
zu einem großen Liebesduett aus, dessen breitströmende Melodie im Werk noch des öfteren eine Rolle spielen wird:*

(17)

Tosca (hingerissen den Kopf an Cavaradossis Schulter lehnend):
Oh, du verstehst zu schmeicheln,
ja, du weißt zu betören!
(boshaft)
Doch mal ihr schwarze Augen!
Cavaradossi (zärtlich):
Diese Zweifel!
Tosca: Ach, ich fühl' es:
Ja, ich quäl' dich unaufhörlich.
Cavaradossi: Diese Zweifel!
Tosca: Ich bin sicher, du verzeihst mir,
wenn du siehst, wie sehr mich das quält.
Cavaradossi: O Tosca, du mein Alles,
mir wird stets an dir gefallen:
Zornesflammen und die heiße Liebe zu mir.
Tosca: Ich bin sicher,
du verzeihst, wenn du siehst,
wie sehr mich das quält.
Sag noch einmal dieses Wort mir,
das mich tröstet, sag's noch einmal!
Cavaradossi:
Geliebte, wie oft soll ich sagen:
»Du bist meine Floria!«
In alle Ewigkeit gilt mein Lieben dir allein!
Tosca (löst sich von Cavaradossi):
Gott! Hier in der Kirche!
Du willst mich wohl ersticken?

Tosca (rapita, appoggiando la testa sulla spalla di Cavaradossi):

Oh, come la sai bene
l'arte di farti amare! . . .

(maliziosamente)
Ma . . . falle gli occhi neri!
Cavaradossi (teneramente):
Mia gelosa!
Tosca: Sì, lo sento . . .
ti tormento senza posa.
Cavaradossi: Mia gelosa!
Tosca: Certa sono del perdono
se tu guardi al mio dolor!

Cavaradossi: Mia Tosca idolatrata,
ogni cosa in te mi piace;
l'ira audace
e lo spasimo d'amor!
Tosca: Certa sono del perdon
se tu guardi al mio dolor!
Dilla ancora
la parola – che consola . . .
dilla ancora!

Cavaradossi:
Mia vita, amante inquieta,
dirò sempre: »Floria, t'amo!«
Ah, l'alma acquieta,
sempre »T'amo!« ti dirò.

Tosca (sciogliendosi da Cavaradossi):
Dio! Quante peccata!
M'hai tutta spettinata.

49

Die Liebesmelodie (Nr. 17) verklingt in süßesten, immer zarter werdenden Tönen, während Tosca sich schließlich losreißt und davoneilt. Cavaradossi blickt ihr zärtlich nach.

Dann fährt plötzlich das Angstmotiv (Nr. 3) auf und ruft ihn in die Wirklichkeit zurück: Angelotti! Auch das Verfolgungsmotiv (Nr. 2) tritt wieder auf, endet aber in einer zärtlichen, Cavaradossis Gedanken an Tosca spiegelnden Wendung.

Cavaradossi: Nun geh, laß mich jetzt!

Tosca: Nun gut, also arbeite noch bis zum Abend,
aber versprich mir:
Kein weibliches Wesen,
kein blondes und kein braunes,
kommt hierher zum Gebet,
schwörst du, Geliebter?

Cavaradossi: Es sei,
ich schwör' es!
Geh!

Tosca: Warum so eilig?

Cavaradossi (mit leisem Vorwurf):
Noch immer?

Tosca (schmiegt sich in Cavaradossis Arme und bietet ihm die Wange zum Kuß): Nein,
verzeih mir!

Cavaradossi (scherzend):
So nah bei der Madonna!

Tosca (mit einer Geste zur Madonna):
Sie ist so gütig!

(Sie küssen sich)

Tosca (schaut beim Weggehen noch einmal auf das Bild und sagt):
Doch mal ihr schwarze Augen!

(Sie geht rasch ab. Cavaradossi bleibt bewegt und gedankenverloren zurück.)

(Cavaradossi erinnert sich Angelottis, lauscht, ob Tosca sich entfernt hat, öffnet ein wenig die kleine Tür und schaut hinaus; als er sieht, daß alles ruhig ist, läuft er zur Kapelle; Angelotti erscheint

Cavaradossi: Or va, lasciami!

Tosca: Tu fino a stassera
stai fermo al lavoro. E mi prometti,
sia caso o fortuna,
sia treccia bionda o bruna,
a pregar non verrà donna nessuna?

Cavaradossi: Lo giuro,
amore!
Va!

Tosca: Quanto m'affretti!

Cavaradossi (con dolce rimprovero):
Ancora?

Tosca (cade nelle braccia di Cavaradossi e progendogli la guancia): No, perdona!

Cavaradossi (scherzoso):
Davanti la Madonna?

Tosca (accennando alla Madonna):
È tanto buona!

(Si baciano)

Tosca (avviandosi ad uscire e guardando ancora il quadro, maliziosamente gli dice):
Ma falle gli occhi neri!

(Fugge rapidamente. Cavaradossi rimane commosso e pensieroso.)

(Cavaradossi rammentandosi di Angelotti, sta ascoltando se Tosca s'è allontanata socchiude la porticina e guarda fuori; visto tutto tranquillo corre alla Capella; Angelotti appare dietro la cancellata.

51

Die beiden Freunde beraten in Sorge und Eile: Das Orchester hat einen Konversationston angeschlagen, in dem ein Analytiker die Umkehrung des Angstmotivs (Nr. 3) und andere Elemente erkennen kann. Oft, wenn es sich um besonders wichtige Aussagen des Dialogs handelt, verharrt das Orchester auf länger liegenden Akkorden, die nur durch ein erregtes, aber zartes Streichertremolo belebt werden.

Dieser Dialog macht verschiedene dramatische Zusammenhänge klar – so z. B. das Auftauchen und Verweilen der Marchesa Attavanti, der Schwester Angelottis, nahe der Madonnenstatue, wo sie Kleider für Angelotti versteckte und unwissentlich zum Modell Cavaradossis für das Magdalenenbild wurde – bringt musikalisch nichts Neues, wohl aber Anklänge, Anspielungen auf frühere Motive, so etwa auf das immer bedeutungsvollere, schicksalsschwere Motiv Nr. 6.

hinter dem Gitter. Cavaradossi öffnet das Gitter. Angelotti und er schütteln einander herzlich die Hand.)

Cavaradossi (zu Angelotti, der natürlicherweise das vorhergehende Gespräch hören mußte):
Zu gut nur meint es Tosca,
doch sie glaubt,
sie müsse alles dem Beichtvater sagen,
und darum schwieg ich.
In diesem Fall war's klüger.
Angelotti: Sie ging doch?
Cavaradossi: Ja.
Und was wollt Ihr beginnen?
Angelotti: So wie die Dinge
liegen, muß ich fliehen.
Man darf mich hier nicht
finden.
Meine Schwester . . .
Cavaradossi: Die Attavanti?
Angelotti: Ja,
hat weibliche Kleidung hier
verborgen,
dort unterm Altare . . .
Kleider, Schleier und
Fächer . . .
(sieht sich angstvoll um)
Sobald es dunkelt, will ich
mich verkleiden.
Cavaradossi: Nun versteh ich!
Deshalb ihr scheues Umsichschaun
und das inbrünst'ge Beten
der schönen jungen Dame.
Fast wurde ich verdächtigt
geheimer Lieb zu ihr!
Nun versteh' ich!
Eine liebende Schwester!

Cavaradossi apre la cancellata ad Angelotti e si stringono affettuosamente la mano).

Cavaradossi (ad Angelotti che, naturalmente, ha dovuto udire il dialogo precedente):
È buona la mia Tosca,
ma credente
al confessor nulla tiene celato,
ond'io mi tacqui.
È cosa più prudente.

Angelotti: Siam soli?
Cavaradossi: Sì.
Qual'è il vostro disegno?
Angelotti: A norma degli eventi,
uscir di Stato
o star celato in Roma.
Mia sorella . . .

Cavaradossi: L'Attavanti?
Angelotti: Sì . . .
ascose un muliebre
abbigliamento là sotto l'altare . . .
vesti, velo, ventaglio . . .

(Si guarda intorno con paura)
Appena imbruni
indosserò quei panni . . .
Cavaradossi: Or comprendo!
Quel fare circospetto
e il pregante fervore
in giovin donna e bella
m'avean messo in sospetto
di qualche occulto amor! . . .
Or comprendo!
Era amor di sorella!

Im Orchester das oft wiederholte Motiv Nr. 14, immer wieder in das der bedrohlichen Verfolgung (Nr. 2) übergehend.

Angelotti: Sie wagte alles,
mich dem verfluchten Scarpia
zu entreißen!
Cavaradossi: Scarpia?!
Dies fromme Faungesicht,
das unter scheinheil'ger Maske
lüsterne Begierden will ver-
bergen,
dieser Wüstling, der ganz oh-
negleichen,
(immer erregter)
Heuchler zugleich und
Henker!
Und koste es mein Leben,
ich rette Euch!
Doch wir sollten ans Werk
gehn
noch vor Abend ...
Angelotti: Tageslicht fürcht' ich!
*Cavaradossi (zeigt nach einer be-
stimmten Richtung):*
Die Kapelle liegt ganz nah bei
dem Garten.
Dann führt versteckt ein Weg
durch Felder
hinaus zu meiner Villa.
Angelotti: Ich kenn' ihn.
Cavaradossi: Hier ist der
Schlüssel
So gegen Abend werd' ich
folgen.
Macht rasch! Doch vergeßt
nicht
die weibliche Verkleidung!
*(Angelotti holt die von seiner
Schwester verborgenen Klei-
dungsstücke.)*

Angelotti: Tutto ella ha osato
onde sottrarmi a Scarpia scellerato!
Cavaradossi: Scarpia?!
Bigotto satiro che affina
colle devote pratiche la foia
libertina – e strumento
al lascivo talento

(con forza crescente)
fa il confessore e il boia!
La vita mi costasse, vi salverò![1]
Ma indugiar fino a notte è mal
sicuro.

Angelotti: Temo del sole!
Cavaradossi (indicando):

La cappella mette
a un orto mal chiuso, poi c'è un
canneto
che va lungi pei campi a una
mia villa.
Angelotti: M'è nota.
Cavaradossi: Ecco la chiave;
inanzi sera
io vi raggiungo; portate con voi
le vesti femminili.

*(Angelotti va a prendere le vesti
nascoste da sua sorella.)*

---

[1] TV (Textvariante): Dieser Vers lautet auch »Ne
andasse della vita, vi salverò!«

Auf den Kanonenschuß hinter der Szene bricht sofort das Orchester fortissimo mit dem Bedrohungsmotiv (Nr. 2) herein. Es verharrt in höchster Erregung und bringt es sogar fertig, das zuvor stets leicht humoristische Motiv des Mesners (Nr. 4) nun sehr stark und schnell in die aufgeregte Bewegung einzubeziehen:

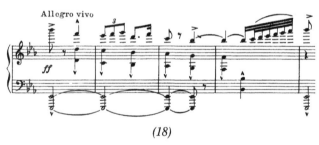

(18)

Diese Motivveränderung wird sofort verständlich, wenn der Mesner in höchster Aufregung auf die Bühne stürzt, um »die große Neuigkeit« zu verkünden: den (vermeintlichen) Sieg der österreichisch-neapolitanischen Truppen über Napoleon.

Angelotti: Soll ich's anziehn?
Cavaradossi: Das ist nicht nötig,
denn der Weg ist sehr
einsam ...
Angelotti (will gehen): Addio!
Cavaradossi (läuft ihm nach):

Falls wirklich Gefahr droht,
benutzt den Brunnen als Ver-
steck! Unten ist Wasser,
doch mitten in dem Schachte
befindet sich ein Zugang zu ei-
ner Höhle,
dort findet Euch kein Mensch,
und Ihr seid sicher.
*(Ein Kanonenschuß; beide sehen
sich höchst betroffen an.)*
Angelotti: Vom Kastell die Ka-
none!
Cavaradossi: Sie entdeckten die
Flucht schon!
Und Scarpia läßt los seine
Meute!
Angelotti: Addio!
Cavaradossi (entschlossen):
Ich komm mit Euch!
Nun heißt es Vorsicht!
Angelotti: Kommen sie schon?
Cavaradossi (begeistert):
Laßt sie kommen, wir
kämpfen!
(rasch ab)

*Mesner (läuft aufgeregt herein,
laut rufend):*
Höchster Jubel, Euer Gnaden!

*(Da er den Maler nicht auf dem
Gerüst findet, bleibt er überrascht
stehen.)*

Angelotti: Ch'io le indossi?
Cavaradossi: Per or non monta, il
sentiero è deserto.

Angelotti (per uscire): Addio!
*Cavaradossi (accorendo ancora
verso Angelotti):*
Se urgesse il periglio, correte
al pozzo del giardin. L'acqua è
nel fondo,
ma a mezzo della canna un pic-
ciol varco
guida ad un antro oscuro,
rifugio impenetrabile e sicuro!

*(Un colpo di cannone: i due si
guardano agitatissimi.)*
Angelotti: Il cannon del castello!

Cavaradossi: Fu scoperta
la fuga! Or Scarpia i suoi sbirri
sguinzaglia!

Angelotti: Addio!
Cavaradossi (risoluto):
Con voi verrò.
Staremo all'erta!
Angelotti: Odo qualcun!
Cavaradossi (con entusiasmo):
Se ci assalgon, battaglia!

*(Partono rapidamente dalla
cappella.)*
*Sagrestano (entra correndo, tutto
scalmanato, gridando):*
Sommo giubilo, Eccel-
lenza! ...

*(Non vedendo neppure questa
volta il pittore sull'impalcato rimane molto sorpreso.)*

Der bei aller anscheinenden Gutmütigkeit äußerst boshafte Mesner kann es sich nicht verkneifen, sie sofort dem Maler mitzuteilen, in dem er – mit Recht – einen politischen Gegner vermutet. Aber er findet Cavaradossi nicht mehr vor und so verpufft (vom Orchester sehr wirkungsvoll unterstrichen) seine Bosheit.

Von allen Seiten laufen nun Chorknaben in den Innenraum der Kirche, man hat sie zusammen mit den Kapellsängern rasch aufgeboten, um den Sieg des Regimes über die Revolution zu feiern.

Ein neues, turbulentes Motiv begleitet den Freudenausbruch:

(19)

Nicht mehr hier!
Das ist ja schade!
Wenn ich einen Ketzer quäle,
(scheinheilig)
dann gibt's Ablaß für die
Seele.
Rasch, die ganze Kantorei!
Vorwärts!
Chor [Meßdiener, junge Ordens-
brüder, Chorschüler und Ka-
pellsänger] (von allen Seiten
hereinlärmend; in höchstem
Durcheinander; einige)
Was denn?
Mesner (drängt sie nach der Sa-
kristei):
Ihr sollt zur Probe!
Chor (einige):
Sag, was gibt es?
Mesner: Wißt ihr gar nichts?
(atemlos)
Bonaparte . . . der Verbre-
cher . . . Bonaparte . . .
(Sie umringen den Mesner, wäh-
rend weitere neugierig herein-
drängen.)
Ganzer Chor: Nun sag, was ist?
Mesner: . . . ist geschlagen und
vernichtet
und zur Hölle fortgejagt!
Chor:
Kaum zu glauben!
Ja, kaum zu glauben!
Mesner: Was ich sagte, ist die
Wahrheit!
Eben kam die gute Nachricht!
Chor: Diesen Sieg gilt es zu
feiern!
Mesner: Ja, heute abend große
Beleuchtung,

Non c'è più!
ne son dolente!
Chi contrista un miscredente
(con fare untuoso)
si guadagna un'indulgenza!
Tutta qui la cantoria
Presto! . . .

Coro [Chierici, confratelli, allievi
e cantori della Cappella] (ac-
correndo tumultuosamente da
ogni parte; colla massima con-
fusione; alcuni):
Dove?
Sagrestano (spingendoli verso la
sagrestia):
In sagrestia.
Coro (alcuni):
Ma che avvenne?
Sagrestano: Nol sapete? *(affan-*
noso)
Bonaparte . . . scellerato . . .
Bonaparte . . .
(Si avvicinano al Sagrestano e lo
attorniano, mentre accorrono al-
tri che si uniscono ai primi.)
Coro tutto: Ebben? Che fu?
Sagrestano: Fu spennato,
sfracellato
e piombato a Belzebù!
Coro:
Chi lo dice?
È sogno! È fola
Sagrestano: È veridica parola!
Or ne giunse la notizia!

Coro: Si festeggi la vittoria!

Sagrestano: E questa sera gran
fiaccolata,

Inmitten des sich immer mehr steigernden Jubels, der die Kirche in Kürze in einen ausgelassenen Ballsaal verwandelt hat, ein wahrer Donnerschlag: der Eintritt Scarpias. Die gewaltigen Akkorde seines Motivs (Nr. 1) krachen mit höchster Lautstärke herein, alles verharrt wie gebannt, wie versteinert. Nur langsam kommt wieder Bewegung in das Bild und das Orchester.

glänzendes Fest im Palazzo Farnese
und eine hierfür geschriebene Kantate
mit Floria Tosca!
Auch in den Kirchen danken wir Gott!
Nun geht Euch anziehn,
doch ohne Lärm!
(schreiend): Fort, fort!
Zur Sakristei!
Chor (mit lautem Gelächter):
Ha, ha, ha, ha!
Doppelte Löhnung...
(unter fröhlichem Gelächter und Geschrei, ohne sich um den Mesner zu kümmern, der sie vergebens zur Sakristei drängt)
Te Deum... Gloria! Gloria!
Diesen Sieg gilt es zu feiern!
Heute abend große Beleuchtung!
Mesner: Nun geht euch anziehn!
Chor:
Und Galagesellschaft!
Diesen Sieg gilt es zu feiern!
(tanzend und ausgelassen lachend)
Gloria! Te Deum... Gloria!
Diesen Sieg gilt es zu fei...

(Scarpia erscheint unvorhergesehen in der kleinen Tür. Beim Anblick Scarpias erstarrt alles wie gebannt.)
Scarpia (mit großer Autorität):
Ein Tollhaus in der Kirche!
Eine Schande!
(Hinter Scarpia tauchen Spoletta und einige Polizisten auf.)

veglia di gala a Palazzo Farnese,
ed un'apposita nuova cantata con Floria Tosca!
E nelle chiese inni al Signor!
Or via a vestirvi,
non più clamor!

(gridando): Via, via!
In sagrestia!
Coro (sghignazzando):
Ah, ah, ah, ah!
Doppio soldo...
(ridendo e gridando gioiosamente, senza badare al Sagrestano che inutilmente li spinge ad urtoni verso la sagrestia)
Te Deum... Gloria!
Viva il Re!...
Si festeggi la vittoria!
Questa sera gran fiaccolata!
Sagrestano: Or via a vestirvi!
Coro:
Serata di gala!
Si festeggi la vittoria!
(saltellando e ridendo sgangheratamente)
Viva il Re! Te Deum...
Gloria!
Si festeggi la vitto...

(Scarpia apparendo improvvisamente dalla porticina. Alla vista di Scarpia tutti si arrestano allibiti come per incanto.)
Scarpia (con grande autorità):
Un tal baccano in chiesa!
Bel rispetto!
(Seguono Scarpia Spoletta ed alcuni sbirri.)

Der Mesner stottert einige Worte, doch Scarpia reißt sofort die Befehlsgewalt an sich, schickt die Sänger fort, um sich für das Tedeum vorzubereiten, behält den Mesner aber zur Befragung zurück.

Drohend steigt unter dem dichten Streichertremolo das Motiv Nr. 10 in tiefsten Instrumenten (Fagott, Kontrafagott) empor, mit dem Angelotti von seiner Flucht berichtet hatte. Im gleichen Sinn untermalt es nun, von Baßklarinette, Celli und Kontrabässen wiederholt, Scarpias Suche nach dem Flüchtling.

Mesner (furchtsam stotternd):
Euer Gnaden, alle freuten
sich . . .
Scarpia: Macht euch fertig für
das Te Deum!
*(Verdrossen entfernen sich alle,
auch der Mesner will davonschlei-
chen, aber Scarpia hält ihn heftig
zurück.)*
Du bleibst noch!
*Mesner (verängstigt und unter-
würfig):*
Steh' zu Diensten!
Scarpia (zu Spoletta):
Und du, geh, such alle
Winkel ab,
verfolg alle Spuren!
Spoletta: Jawohl, Herr!
*(Er winkt zwei Polizisten, ihm zu
folgen.)*
*Scarpia (zu den anderen Polizi-
sten, die sofort gehorchen):*
Schaut auf die Türen!
Aber ohne Aufsehn!
(zum Mesner)
Nun zu dir.
Wäge jetzt deine Worte!
Ein politischer Gefangner ent-
floh soeben
Vom Castel Sant' Angelo . . .
(energisch)
Er suchte Zuflucht hier . . .
Mesner: Barmherz'ger Heiland!
Scarpia: Er kann noch hier sein.
Wo ist die Kapelle der Atta-
vanti?
Mesner: Hier ist sie.
*(Er geht zum Gitter und findet es
halb angelehnt.)*
Geöffnet!

Sagrestano (impaurito balbetta):
Eccellenza, il gran giubilo . . .
Scarpia: Apprestate per il
Te Deum.
*(Mogi, mogi s'allontanano tutti e
anche il Sagrestano fa per cavar-
sela, ma Scarpia bruscamente lo
trattiene.)*
Tu resta!
*Sagrestano (sommessamente, im-
paurito):*
Non mi muovo!
Scarpia (a Spoletta):
E tu va, fruga ogni angolo,
raccogli ogni traccia!
Spoletta: Sta bene!
*(Fa cenno a due sbirri di segu-
irlo.)*
*Scarpia (ad altri sbirri, che esegu-
iscono):*
Occhio alle porte,
senza dar sospetti!
(al Sagrestano)
Ora a te. Pesa
le tue risposte. Un prigionier
di Stato
fuggì pur ora da Castel Sant'
Angelo . . .
(energico)
s'è rifugiato qui.
Sagrestano: Misericordia!
Scarpia: Forse c'è ancora. Dov'è
la Cappella
degli Attavanti?
Sagrestano: Eccola!
*(Va al cancello e lo trova soc-
chiuso.)*
Aperta!

Scarpias Verdachtsmomente verdichten sich und treffen jetzt auf
Cavaradossi. Scarpia hat in der Kapelle der Familie Attavanti
einen Fächer der Marchesa gefunden, sieht nun deren Züge im
Heiligenbild, das in unfertigem Zustand auf der großen Staffelei
steht und ahnt schon, daß Angelotti sich in der sonst stets
verschlossenen, nun aber offenstehenden Gruft verborgen haben
muß: Jetzt nennt der Mesner Cavaradossi als Maler des Bildes.
Und das »Schicksalsmotiv« Cavaradossis (Nr. 6) erklingt, leise
und doch deutlich, im nun zarten Orchester –, es drückt Scarpias
Gedanken aus:

(Notenbeispiel S. 66)

64

Ihr Heiligen!
Ein zweiter Schlüssel!
Scarpia: Gutes Zeichen...
Laß sehen!
(Sie betreten die Kapelle und kommen zurück. Scarpia ist sehr enttäuscht. In der Hand trägt er einen geschlossenen Fächer, den er nervös gleich einem geöffneten bewegt.)
(für sich)
Dieser Kanonenschuß war ein grober Fehler.
So blieb dem Gauner noch Zeit zu fliehen,
doch er ließ mir als Beute dies Prachtstück:
(fächelnd)
einen Fächer!
Ganz sicher ist ein Helfer noch im Spiel!
(Er überlegt eine Weile, dann betrachtet er aufmerksam den Fächer, plötzlich entdeckt er ein Wappen und ruft lebhaft):
Die Marchesa Attavanti! Hier ihr Wappen...
(Er blickt sich um, untersucht jeden Winkel der Kirche; das Gerüst mit Malgerät und das Bild halten seinen Blick fest, und er glaubt, im Antlitz der Heiligen die bekannten Züge der Attavanti wiederzufinden.)
Das ist ihr Bildnis!
(zum Mesner)
Wer malte die Madonna?
Mesner (noch ängstlicher):

Der Cavalier Cavaradossi...

Arcangeli!
E... un'altra chiave!
Scarpia: Buon indizio.
Entriamo.
(Entrano nella cappella, poi ritornano: Scarpia, assai contrariato, ha fra le mani un ventaglio chiuso che agita nervosamente.)

(fra sè)
Fu grave sbaglio
quel colpo di cannone. Il mariolo
spiccato ha il volo, ma lasciò una preda...
preziosa:
(agitandolo in aria)
un ventaglio.
Qual complice il misfatto preparò!
(Rimane alquanto pensieroso, poi guarda attentamente il ventaglio; a un tratto vi scorge uno stemma e vivamente esclama):
La marchesa Attavanti!... Il suo stemma...
(Guarda intorno, scrutando ogni angolo della chiesa: i sui occhi si arrestano sull'impalcato, sugli arnesi da pittore, sul quadro... e il noto viso dell'Attavanti gli appare riprodotto nel volto della Santa.)

Il suo ritratto!
(al Sagrestano)
Chi fe' quelle pitture?
Sagrestano (ancora più invaso dalla paura):

Il cavalier Cavaradossi.

(20)

Mit verschiedenen erregten Orchesterphrasen geht das Verhör weiter: immer klarer wird Cavaradossis Beihilfe zur Flucht Angelottis. Scarpias Gedanken arbeiten fieberhaft, und das Orchester weiß sie deutlich zu machen.

Scarpia: Er!
Mesner (bemerkt einen Polizisten, der aus der Kapelle mit dem Eßkorb herauskommt):
Himmel! Unser Eßkorb!
Scarpia (setzt seine Überlegungen fort): Er!
Der Liebhaber Toscas!
Ein Voltairianer!
Welch ein Verdacht!
Mesner (hat den Korb untersucht und ruft überrascht):

Leer?
Leer!
Scarpia: Was sagst du?
(erblickt den Polizisten mit dem Korb)
Was ist?
Mesner (nimmt dem Polizisten den Korb ab):
Es fand sich dort in der Kapelle
hier dieser Korb.
Scarpia (zum Mesner):
Kennst du den Korb da?
Mesner: Sicher!
Es ist des Malers Korb.
(stottert angstvoll)
Doch ... wäre denkbar ...
Scarpia: Also, sag, was du weißt!
Mesner (immer ängstlicher, fast weinend, zeigt er auf den leeren Korb):
Ich füllte ihn erst vorhin
mit delikaten Speisen!
Cavaradossis Mahl!
Scarpia (gespannt, Näheres zu erfahren):
Das er verzehrte ...

Scarpia: Lui!
Sagrestano (scorgendo un birro che esce dalla cappella con paniere in mano):
Numi! Il paniere!
Scarpia (seguitando le sue riflessioni): Lui!
L'amante di Tosca!
Un uom sospetto!
Un volterrian!
Sagrestano (che avrà esaminato il paniere, con gran sorpresa esclama):
Vuoto?
Vuoto!
Scarpia: Che hai detto?
(Vedendo il birro col paniere)
Che fu?

Sagrestano (prende al birro il paniere):
Si ritrovò nella cappella
questo panier.

Scarpia (al sagrestano):
Tu lo concosci?
Sagrestano: Certo!
È il cesto del pittor ...
(balbettando pauroso)
ma ... nondimeno ...
Scarpia: Sputa quello che sai.
Sagrestano (Sempre più impaurito e quasi piangendo gli mostra il paniere vuoto):
Io lo lasciai ripieno
di cibo prelibato ...
il pranzo del pittor! ...
Scarpia (con intenzione, inquirendo per scoprir terreno):
Avrà pranzato!

Ein heftiger Lauf der Violinen aufwärts malt äußerst plastisch das Ergebnis seiner Kombinationen; es mündet in das wieder fortissimo geschmetterte Verfolgungsmotiv (Nr. 2). Doch dieses verwandelt sich am Ende in das lyrische Tosca-Motiv, die Liebesmelodie Nr. 17: Tosca ist überraschend eingetreten und zwingt Scarpias Gedanken sofort in eine andere Richtung.

Mesner (winkt ab):

In der Kapelle?
Weder hatt' er den Schlüssel,
und auch essen wollt' er nicht,
wie er mir sagte.
Deshalb stellt' ich den Korb da
mir beiseite.
(Zeigt, wohin er ihn gestellt hatte; von dem strengen, finsteren Schweigen Scarpias beeindruckt, für sich):
Libera me Domine!
Scarpia (für sich):
Jetzt weiß ich alles:
Was der Mesner sich beiseite tat,
kam dem Flüchtling sehr zugute!
(Tosca tritt in großer Aufregung ein: sie geht direkt auf das Gerüst zu, da sie dort aber Cavaradossi nicht findet, sucht sie ihn voller Unruhe im Mittelschiff der Kirche. Kaum hat Scarpia Tosca eintreten sehen, verbirgt er sich geschickt hinter der Säule mit dem Weihwasserbecken, wobei er gebieterisch dem Mesner, der sich eingeschüchtert und zitternd in der Nähe des Malgerüstes aufhält, zu bleiben winkt.)
Tosca?
Jetzt heißt es schlau sein.
Und zunächst ihre Eifersucht erregen!
Jago half einst ein Tüchlein,
und mir ein Fächer!

Sagrestano (facendo cenno di no colla mano):
Nella cappella?
No ne aveva la chiave,
nè contava pranzar . . . disse
egli stesso.
Ond'io l'avea già messo
al riparo.
(Mostra dove avea riposto il paniere e ve lo lascia. Impressionato del severo e silente contegno di Scarpia, fra sè):
Libera me Domine!
Scarpia (fra sè):
Or tutto è chiaro . . .
la provvista del sacrista
d'Angelotti fu la preda!

(Tosca entra, ed è nervosissima: va dritta all'impalcato, ma non trovandovi Cavaradossi, sempre in grande agitazione va a cercarlo nella navata centrale della chiesa. Scarpia appena vista entrare Tosca, si è abilmente nascosto dietro la colonna ov'è la pila dell'acqua benedetta, facendo imperioso cenno di rimanere al Sagrestano; il quale, tremante, imbarazzato, si reca vicino al palco del pittore.)

Tosca?
Che non mi veda.
Per ridurre un geloso allo sbaraglio
Jago ebbe un fazzoletto, ed io
un ventaglio!

*Aufgeregte Orchesterphrasen unterstreichen Toscas steigende
Nervosität. Scarpias Plan steht nun fest: Natürlich weiß er um
ihre stadtbekannte Liebschaft mit Cavaradossi –, er wird sie
auszunutzen wissen.*
*Da beginnen die Glocken zu läuten und rufen die Gläubigen
zum Dankgottesdienst für den erfochtenen Waffensieg. Feierlich
setzt das Orchester ein:*

(21)

*Scarpia benutzt diese Stimmung zur fast zeremoniös höflichen
Annäherung an Tosca.*

Tosca (kehrt zum Gerüst zurück und ruft ungeduldig mit erhobener Stimme):
Mario! Mario!
Mesner (nähert sich Tosca):

Sucht Ihr wohl Cavaradossi?
Wer weiß, wo er ist?
Der Maler ist verschwunden
wie durch Hexerei.

(macht sich davon)
Tosca: Er betrügt mich?
Nein, nein,
verraten kann er mich nicht,
(fast weinend)
nein, nein, das kann er nicht!
Scarpia (zu Tosca, einschmeichelnd und höflich):
Göttliche Tosca, erlaubet mir,
mit meiner Hand die Eure zu berühren,
nicht aus Galanterie, nein, nein!
um geweihtes Wasser Euch zu reichen!
Tosca (berührt Scarpias Finger und bekreuzt sich):
Danke, mein Herr!

Tosca (ritorna presso l'impalcato chiamando con impazienza ad alta voce):
Mario?! Mario!
Sagrestano (avvicinandosi a Tosca):
Il pittor
Cavaradossi?
Chi sa dove sia?
Svanì, sgattaiolò
per sua stregoneria.
(Se la svigna)
Tosca: Ingannata?
No... no...

(quasi piangendo)
tradirmi egli non può.
Scarpia (a Tosca, insinuante e gentile):
Tosca divina,
la mano mia
la vostra aspetta, piccola manina,
non per galanteria,
ma per offrirvi l'acqua benedetta.
Tosca (tocca le dita di Scarpia e si fa il segno della croce):
Grazie, signor!

71

Der folgende Dialog ist bewegt, verändert die Stimmung immer wieder und wird infolgedessen von verschiedensten Motiven und Melodieteilen untermalt.

Scarpia: Ein vornehmes Beispiel
gebt Ihr;
denn Ihr versteht es, mit heil-
gem Eifer
und erhabener Kunst den Weg
zur Kirche
und zum Glauben zu zeigen.

*Tosca (zerstreut und mit anderen
Gedanken beschäftigt):*
Allzu gütig . . .

*(Volk beginnt, die Kirche zu be-
treten und geht nach dem Hintergrunde.)*

Scarpia: In der Tat, das ist selten;
denn die Damen der Bühne,
(mit Absicht)
die kommen nicht zur Kirche
zum Gebet . . .

Tosca (überrascht):
Sagt, was meint Ihr?

Scarpia: Ihr seid nicht wie manche andern,
die kommen, Unschuld in den
Blicken
    (zeigt auf das Bild)
wie Magdalena . . .
(mit betonter Absicht)
doch sie suchen die Liebe!

Tosca (losbrechend):
Was? Die Liebe?
Beweise! Beweise!

Scarpia (zeigt ihr den Fächer):
Ist das vielleicht zum Malen
nötig?

*Tosca (reiß ihm den Fächer aus
der Hand):*
Wie, ein Fächer?
Und wo lag er?
(Einige Landleute treten ein.)

Scarpia: Un nobile esempio è il
vostro:
al cielo piena di santo zelo
attingete dell'arte il magistero
che la fede ravviva!

Tosca (distratta e pensosa):

Bontà vostra.
*(Cominciano ad entrare in chiesa
ed a recarsi verso il fondo alcuni
popolani.)*

Scarpia: Le pie donne son rare . . .
Voi calcate la scena . . .
(con intenzione)
e in chiesa ci venite per pregar . . .

Tosca (sorpresa):
Che intendete?

Scarpia: E non fate come certe
sfrontate
che han di Maddalena

    (indica il ritratto)
viso e costumi . . .
(con intenzione marcata)
e vi trescan d'amore.

Tosca (scattando):
Che? D'amore?
Le prove! Le prove!

*Scarpia (mostrandole il venta-
glio):*
E arnese di pittore questo?

Tosca (afferandolo):

Un ventaglio?
Dove stava?
  (Entrano alcuni contadini)

Scarpia hat sein Ziel erreicht: Tosca bricht unter den »Beweisen«
von Cavaradossis Untreue zusammen. Eine sehr lyrische Melo-
die drückt ihre tiefe Traurigkeit aus:

(22)

Die niedergedrückte Stimmung klingt langsam aus. Die gehäu-
chelten Trostworte Scarpias werden, um sie besonders falsch
erklingen zu lassen, von Glockenklängen untermalt.

Scarpia: Auf dem Gerüst da.
  Irgend jemand störte vielleicht
  die beiden,
  und auf der Flucht verlor sie
  ihren Fächer.
Tosca (untersucht den Fächer):
  Diese Krone! Das Wappen!
  Die Attavanti!
  Das ahnt' ich schon immer!
Scarpia:
  Alles geht, wie ich wünsche!
*Tosca (mit tiefem Gefühl und aus-
  brechenden Tränen, ohne weiter daran zu denken, wo und
  mit wem sie ist):*
  Ich kam hierher, um Mario zu
  gestehen,
  wir könnten uns heut abend
  doch nicht sehen,
  beim Siegesfest muß Tosca
  heute singen,
Scarpia: Ja, mein Gift zeigt sich
  wirksam!
Tosca: Ach, wie soll ich nur singen heute abend!
Scarpia: Ja, mein Gift zeigt sich
  wirksam!
*(Eine Gruppe Hirten und Bäue-
rinnen in ländlicher Tracht tritt
  ein.)*
  (honigsüß)
  O sagt, was quält Euch,
  reizende Tosca?
  Über die Wange rinnt eine
  Träne,
  badet wie Tau das liebliche
  Antlitz.
  Reizende Tosca, was ist geschehen?
Tosca: Gar nichts!

Scarpia: Là su quel palco.
  Qualcun venne certo a sturbar
  gli amanti
  ed essa nel fuggir perdè le
  penne!
Tosca (esaminando il ventaglio):
  La corona! Lo stemma!
  È l'Attavanti!
  Presago sospetto!
Scarpia:
  Ho sortito l'effetto!
*Tosca (con grande sentimento,
  trattenendo a stento le lagrime,
  dimentica del luogo e di
  Scarpia):*
  Ed io venivo a lui tutta do-
  gliosa
  per dirgli: invan stasera il ciel
  s'infosca,
  l'innamorata Tosca è prigio-
  niera . . .
Scarpia: Già il veleno l'ha rosa.

Tosca: dei regali tripudi prigio-
  niera! . . .
Scarpia: Già il velen l'ha rosa.

*(Entra un gruppo di pastori e di
  ciociare.)*

  (Mellifluo)
  O che v'offende,
  Dolce signora?
  Una ribelle
  lacrima scende
  sovra le belle
  guancie e le irrora;
  dolce signora,
  che mai v'accora?
Tosca: Nulla!

In Tosca erwachen nun die Leidenschaft der betrogenen Frau und die Wut auf die Nebenbuhlerin. Mehrmals ertönt das überaus harte Verfolgungsmotiv (Nr. 2), hier umgedeutet vom politischen auf den Sinn der persönlichen Eifersucht.

(Einige Edelleute, die ihre Damen begleiten, treten auf.)
Scarpia *(mit betonter Absicht):*

Ich gäb' mein Leben, zu trocknen Eure Tränen.
Tosca (ohne auf Scarpia zu hören):
Ich muß mich quälen,
indessen er im Arme einer andern noch spottet!
Scarpia: Ganz, wie ich's wollte.
Tosca (mit großer Bitterkeit):
Was bleibt mir?
(Bürger treten in kleinen Gruppen auf.)
Fänd' ich die beiden einmal beisammen!
(immer gequälter)
O dieser Argwohn!
Die beiden Liebenden dort in der Villa!
(in tiefem Schmerz)
Nur Betrug! Nur Verrat!
In unsrem Hause die beiden zusammen!
(entschlossen)
Ich will sie überraschen!
(Sie wendet sich drohend gegen das Bild.)
Du hast ihn nicht heut abend!
(verzweifelter Aufschrei)
Wart nur!
Scarpia (entrüstet, fast vorwurfsvoll):
Die Kirche!
Tosca (weinend):
Gott wird verzeihen,
denn er sieht, wie ich weine!
(in Tränen aufgelöst)

(Vari nobili Signori accompagnano alcune donne.)
Scarpia *(con marcata intenzione):*
Darei la vita
per asciugar quel pianto.
Tosca (non ascoltando Scarpia):
Io qui mi struggo e intanto
d'altra in braccio le mie smanie deride!
Scarpia: Morde il veleno.
Tosca (con grande amarezza):
Dove son?
(Entrano alcuni borghesi alla spicciolata.)
Potessi coglierli i traditori.

(sempre più crucciosa)
Oh qual sospetto!
Ai doppi amori
è la villa ricetto.
(con gran dolore)
Traditor, traditor!
Oh, mio bel nido insozzato di fango!
(con pronta risoluzione)
Vi piomberò inattesa.
(si rivolge minacciosa al quadro)
Tu non l'avrai stasera.
(grido acuto, disperato)
Giuro!
Scarpia (scandolezzato, quasi rimproverandola):
In chiesa!
Tosca (piangente):
Dio mi perdona.
Egli vede ch'io piango!
(Piange dirottamente)

Das Orchester bleibt belebt und bringt verschiedene Motive zur Geltung, so wie die Gedanken sich in Toscas Kopf überstürzen und Scarpia dabei seine Ziele eiskalt verfolgt. Erst bei Toscas Abgang tritt Ruhe ein, man hört die tiefen Glocken des Petersdoms aus der Ferne läuten.

Scarpia trifft seine Anweisungen. Feierliche Stimmung verbreitet sich im Raum. Das Orchester stimmt nun eine Reihe von Motiven an, die man als geistlich oder religiös bezeichnen kann: Die bald einsetzende Orgel führt sie später noch feierlicher fort.

Die folgende Szene ist in ihrer Dämonie, ja Blasphemie eine der großartigsten Charakterschilderungen der Operngeschichte. Zum weihevollen Untergrund der kirchlichen Klänge und bald auch Gesänge, zur erhabenen Inbrunst des Tedeums bildet Scarpias schamloses und niederträchtiges Begehren Toscas einen wahrhaft teuflischen Kontrapunkt.

(Scarpia stützt sie und führt sie zum Ausgang, als wolle er sie beruhigen.)
(Nach Toscas Abgang füllt sich die Kirche mehr und mehr. Scarpia kehrt, nachdem er Tosca hinausbegleitet hat, zu der Säule zurück; auf seinen Wink eilt Spoletta herbei. Die Menge gruppiert sich im Hintergrunde in Erwartung des Kardinals; einige Beter knien.)

Scarpia: Drei Leute und einen
    Wagen . . .
    Eilig . . .
    Folge ihr, wo sie auch hin-
    geht . . . von ferne!
    Und Vorsicht!

Spoletta: Versteht sich!
    Und der Treffpunkt?

Scarpia: Palazzo Farnese!
    (Spoletta schnell ab)
    (mit sardonischem Lächeln)
    Geh, Tosca!
    Dir im Herzen nistet Scarpia!

(Der Kardinal erscheint, sein Gefolge geleitet ihn zum Hochaltar. Die Schweizergarde bahnt einen Weg durch die Menge, die eine Gasse bildet.)
    (ironisch) Geh, Tosca!
    Ja, Scarpia läßt aufsteigen
    deine wilde Eifersucht gleich
    dem Falken.
    Mehr noch als Hoffnung liegt
    in deinem Verdachte!
    Dir im Herz,
    da nistet Scarpia . . .
    (ironisch)

(Scarpia la sorrege accompagnandola all'uscita, fingendo ci rassicurarla.)
(Appena uscita Tosca, la chiesa poco a poco va sempre più popolandosi. Scarpia, dopo aver accompagnato Tosca, ritorna presso la colonna e fa un cenno. Subito si presenta Spoletta. La folla si aggruppa nel fondo, in attesa del Cardinale; alcuni, inginocchiati, pregano.)

Scarpia *(a Spoletta)*: Tre sbirri . . . Una carozza . . .
    Presto . . . seguila dovunque
    vada . . . non visto . . .
    provvedi!

Spoletta: Sta bene.
    Il convegno?

Scarpia: Palazzo Farnese!
    (Spoletta esce frettoloso.)
    (con un sorriso sardonico):
    Va, Tosca!
    Nel tuo cuor s'annida Scarpia.

(Esce il corteggio che accompagna il Cardinale all'altare maggiore; i soldati svizzeri fanno far largo alla folla, che si dispone su due ali.)
    (ironico) Va, Tosca!
    È Scarpia
    che scioglie a volo il falco
    della tua gelosia.
    Quanta promessa nel tuo
    pronto sospetto!
    Nel tuo cuor s'annida
    Scarpia . . .
    (ironico)

*Hier gipfelt Scarpias Doppelspiel: seine unheiligsten Gedanken –
Cavaradossi an den Galgen, Tosca in seine eigenen Arme –, und
dazu die brausende Orgel, mit dem majestätischen Orchester-
klang verbunden, sowie der überwältigende Einsatz der Chöre
mit dem Tedeum, darüber ein Meer von Glocken. Ein wirkungs-
vollerer Aktschluß ist selten geschrieben worden:*

(Notenbeispiel S. 82)

80

Geh, Tosca!

(Scarpia neigt sich betend, sobald der Kardinal vorbeigeht. Der Kardinal segnet die demütig kniende Menge.)

Das Kapitel (12 Bässe): Adiutorum nostrum in nomine Domini . . .

Die Menge: Qui fecit coelum et terram . . .

Das Kapitel: Sit nomen Domini benedictum . . .

Die Menge: Et hoc nunc et usque in saeculum.

Scarpia (fährt mit größerer Glut fort; wild):
Doppelte Beute will meine Begier:
das Haupt des Rebellen
und die schöne Tosca!
(wie im Rausch)
Ah, und ich sehe ihre sieghaften Augen strahlen,
(in sinnlicher Erregung)
bebend vor Lust
sinkt sie mir an die Brust,
in meinen Armen fühle ich sie vergehn!
(heftig)
Er stirbt am Galgen,
dann gehört mir die Tosca . . .

(Die Menge blickt zum Hochaltar; einige knien.)

Chor: Te deum laudamus,
te Dominum confitemur!

(Scarpia starrt unbeweglich ins Leere.)

Scarpia (wie aus einem Traum erwachend):

Va, Tosca!

(Scarpia s'inchina e prega al passaggio del Cardinale. Il Cardinale benedice la folla che reverente s'inchina.)

Il capitolo: Adiutorum nostrum in nomine Domini . . .

La folla: Qui fecit coelum et terram . . .

Il capitolo: Sit nomen Domini benedictum . . .

La folla: Et hoc nunc et usque in saeculum.

Scarpia (riprende con più ardore; con ferocia):
A doppia mira
tendo il voler, nè il capo del ribelle
è la più preziosa.
(come affascinato)
Ah di quegli occhi vittoriosi
veder la fiamma
(con passione erotica)
illanguidir con spasimo d'amor
fra le mio braccia illanguidir d'amor.

(ferocemente)
L'uno al capestro,
l'altra fra le mie braccia . . .

(Tutta la folla è rivolta verso l'altare maggiore; alcuni s'inginocchiano.)

Coro: Te Deum laudamus,
te Dominum confitemur.

(Scarpia resta immobile guardando nel vuoto.)

Scarpia (riavendosi come da un sogno):

(23)

Tosca, du machst, daß Gott ich
ganz vergesse!

Scarpia (mit religiöser Begeiste-
rung) und Chor:
Te aeternum Patrem omnis
terra veneratur!

Tosca, mi fai dimenticare
Iddio!

Scarpia (con entusiasmo religio-
so) e Coro:
Te aeternum Patrem omnis
terra veneratur!

Auch diesem Akt geht kein Orchestervorspiel voraus. Ein kurzes neues Motiv, aus der Höhe abstürzend (mit symbolischer Bedeutung?) geht in eine Andeutung des Angelottimotivs (Nr. 10) und schließlich des Liebesmotivs (Nr. 17) über:

(24)

Schon ist der Vorhang aufgegangen; das Orchester deutet an, daß Scarpias Gedanken unaufhörlich nicht nur um Angelotti und Cavaradossi kreisen – die mit seiner politischen Laufbahn und Stellung nun unlösbar verknüpft sind –, sondern mehr noch um Tosca, die er noch in dieser Nacht zu umarmen denkt.

ZWEITER AKT

Im Palazzo Farnese
Scarpias Zimmer im oberen
Stockwerk. Angerichtete Tafel.
Ein weites, nach dem Hof des Pa-
lastes gehendes Fenster. Es ist
Nacht.

ATTO SECONDO

Palazzo Farnese
La camera di Scarpia al piano
superiore. Tavola imbandita.
Un'ampia finestra verso il cortile
del palazzo. È notte.

(Scarpia sitzt am Tisch und speist.
Von Zeit zu Zeit unterbricht er
das Mahl, um nachzudenken. Er
zieht die Uhr aus der Tasche und
verrät in seiner unruhigen Miene
und den Gebärden das Fieber sei-
ner Aufregung.)

Scarpia: Tosca, du Falke!
  Bald werden meine wachen
  Hunde
  dich als Beute herschleppen!
  Noch vor dem Tag, früh am
  Morgen
  will ich Angelotti und den
  schönen Mario
  hängen sehn.
(Er klingelt, Sciarrone erscheint.)

  Ist Tosca schon im Hause?
Sciarrone: Soeben ging ein Kammerherr sie holen . . .

(Scarpia è seduto alla tavola e vi
cena. Interrompe a tratti la cena
per riflettere. Trae di tasca l'oro-
logio e nell'atteggiamento e nella
irrequietezza tradisce un'ansia
febbrile.)

Scarpia: Tosca è un buon
  falco! . . .
  Certo a quest'ora
  i miei segugi le due prede az-
  zannano!
  Doman sul palco
  vedrà l'aurora
  Angelotti e il bel Mario al lac-
  cio pendere.
(Suona il campanello, Sciarrone
compare.)
  Tosca è a palazzo?
Sciarrone: Un ciambellan ne
  uscia pur ora in traccia.

85

Auf einen Wink Scarpias öffnet Sciarrone das Fenster. Aus dem unteren Stockwerk wird die Musik hörbar, die das Fest der (neapolitanischen) Königin Maria Carolina begleitet: von dort her klingt, zart instrumentiert, eine höfische Gavotte:

(25)

Mehrere Motive verknüpfen sich, als Scarpia sich nun wieder an seinen Tisch begibt und das Kommen Toscas ausmalt. Eines davon, das Liebessehnsucht ausdrückt und noch oft eine Rolle spielen wird, tritt in zartestem Pianissimo in den Vordergrund. Es malt zweifellos die Liebe Toscas zu Cavaradossi, die Scarpia ausnutzen will, um die schöne Sängerin in seine Gewalt zu bekommen:

(Notenbeispiel S. 88)

Scarpia (zu Sciarrone, auf das
Fenster zeigend): Öffne!
(Vom unteren Stockwerk, wo die
Königin Melas zu Ehren ein gro-
ßes Fest gibt, klingt Orchester-
musik.)
Spät ist die Nacht schon ...
(für sich)
Zu der Kantate fehlt nur noch
die Diva ...
Und sie kratzen Gavotte ...
(zu Sciarrone)
Empfange du die Tosca an
dem Eingang,
und du sagst,
ich erwarte sie hier nach der
Kantate ...
(Sciarrone schickt sich an zu
gehen.)
(ruft ihn zurück)
Noch besser:
(Er steht auf, tritt an sein Schreibpult und wirft einige Zeilen hin.)
Übergib ihr dieses Schreiben!
(Er gibt Sciarrone das Schreiben.
Dieser geht ab.)
(für sich)
Sie kommt bestimmt ...
(geht an den Tisch und schenkt
sich ein)
... schon aus Liebe zu Mario!
Und aus Liebe zu Mario
wird sie die Meine heute
nacht.
Ja, wahrhaft große Liebe
birgt in sich auch große
Leiden ...

Scarpia (a Sciarrone accenando la
finestra): Apri.
(Dal piano inferiore – ove la Regina[1] dà una grande festa in onore
di Melas – si ode il suonare di
un'orchestra.)
Tarda è la notte.
(fra sè)
Alla cantata ancor manca la
Diva,
e strimpellan gavotte.
(a Sciarrone)
Tu attenderai la Tosca in sul-
l'entrata;
le dirai ch'io l'aspetto
finita la cantata ...

(Sciarrone fa per andarsene.)

(richiamandolo)
o meglio ...
(Si alza va ad una scrivania e
scrive in fretta un biglietto.)
le darai questo biglietto.
(consegnandolo a Sciarrone, che
esce.)
(fra sè)
Ella verrà ...
(Torna alla tavola e mescendosi
da bere dice)
... per amor del suo Mario!
Per amor del suo Mario al pia-
cer mio
s'arrenderà. Tal dei profondi
amori
è la profonda miseria.

---

[1] Das Textbuch bietet hier die Angabe, die der
Klavierauszug verschweigt: Regina di Napoli,
Maria Carolina.

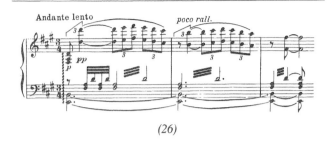

(26)

In einem großen lyrischen Ausbruch gesteht Scarpia dann seine wahre, gewalttätige Natur:

(27)

Ah, wie ist das doch herrlich,
so ein Weib zu besiegen,
statt ihr nur zu erliegen!
Die Liebesseufzer und sehn-
suchtsvolles
Schwärmen in der Mondnacht
kann ich nicht leiden,
und ich mag nicht Ständchen
mit Gitarren;
»sie liebt mich« – »liebt mich
nicht«.
(verächtlich)
Ich kann mich nicht betragen,
wie ein girrender Täuberich!
*(erhebt sich, ohne sich vom Tisch
zu entfernen)*

Ha più forte
sapore la conquista violenta
che il mellifluo consenso. Io di
sospiri
e di lattiginose albe lunari
poco m'appago. Non so trarre
accordi
di chitarre, nè oroscopo di fior,

(sdegnosamente)
nè far l'occhio di pesce,
o tubar come tortora!
*(S'alza, ma non s'allontana dalla
tavola.)*

Spolettas Bericht ist, ohne besonderen, rein musikalischen Wert anzustreben, ein Meisterstück dramatischer Spannung. Über volle elf Takte hält das Orchester ein dichtes drohendes Tremolo. Später wirken die Worte von der Suche nach Angelotti durch den immer gleichen, mit größter Härte hervorgestoßenen Akkord sehr erregend.

Jagen! Ja, was ich begehre,
das jag' ich und genieß ich,
doch immer Neues gilt es zu
erobern,
Schuf doch Gott des Schönen
so viel:
Weine in Fülle . . .
Ich will genießen,
soviel ich kann,
von den Werken der Schöpfung!

(Er trinkt)

Sciarrone (tritt ein): Spoletta
wartet.

Scarpia (sehr erregt, laut rufend):
Endlich!
Laß ihn kommen!

(Sciarrone geht hinaus, um Spoletta zu rufen, den er in den Saal begleitet. Er selbst bleibt nahe der Tür im Hintergrunde stehen.)

Scarpia (setzt sich; ganz beschäftigt mit seinem Mahl, befragt er Spoletta, ohne ihn anzusehn):
Lieber Spoletta, nun, wie ging
die Jagd aus?

Spoletta (kommt furchtsam ein wenig näher) (für sich):
Sankt Ignazio, nun hilf mir!
Also: wir folgten der Spur dieser Dame
zu einem einsamen Landhaus,
zwischen Büschen verborgen.
Dort trat sie ein,
doch sie blieb nicht sehr lange.
Ich sprang sogleich mit meinen
Leuten
von der Mauer in den Garten
und drang
ins Haus ein . . .

Bramo. La cosa bramata
perseguo, me ne sazio e via la
getto
volto a nuova esca.
Dio creò diverse beltà, vini diversi . . .
Io vo' gustar
quanto più posso dell'opra divina!

(Beve)

Sciarrone (entrando): Spoletta è
giunto.

Scarpia (eccitatissimo, gridando): Entri.
In buon punto.

(Sciarrone esce per chiamare Spoletta, che accompagna nella sala, rimanendo poi presso la porta del fondo.)

Scarpia (Si siede e tutt'occupato a cenare, interroga Spoletta senza guardarlo):
O galantuomo, com' andò la
caccia? . . .

Spoletta: (avanzandosi un poco ed impaurito) (fra sè):
Sant'Ignazio, m'aiuta!
Della signora seguimmo la
traccia.
Giunti a un'erma villetta
tra le fratte perduta
ella v'entrò.
N'escì sola ben presto.
Allor scavalco lesto
il muro del giardin coi miei
cagnotti
e piombo in casa . . .

Aus dem unteren Stockwerk dringt nun der Beginn der Kantate, dessen Solo von Tosca gesungen wird. Der Chor singt nahezu a cappella, nur vereinzelte Klänge der pizzicato spielenden tiefen Streicher begleiten fast unhörbar. Der Dialog zwischen Scarpia und Spoletta reißt deswegen nicht ab – Puccini liebt solche dramatischen Gegensätze.

Scarpia: Welch tapfrer Spoletta!
Spoletta (zögernd):
  Eilig suche ich . . . wühle . . .

*Scarpia (bemerkt Spolettas Zö-
  gern, erhebt sich kerzengerade,
  blaß vor Zorn mit hochgezoge-
  nen Augenbrauen):*
  Und . . . Angelotti?
Spoletta: War nicht zu finden!
Scarpia (mit wachsender Wut):
  Du Hund du! Übler Verräter!
  Weg mit dir falschem Hunde
  (schreiend)
  an den Galgen!
*Spoletta (sucht zitternd Scarpias
  Zorn zu besänftigen):*
  O Gott!
  (furchtsam)
  Aber der Ma . . .
Scarpia (unterbricht ihn):
  Cavaradossi?
*Spoletta (nickt und fügt rasch
  hinzu):*
  Er weiß, wo der andre ver-
  borgen . . .
  Sein ganzes Wesen, sein Be-
  nehmen
  verriet so viel Spott und Ver-
  achtung,
  daß ich ihn arretierte . . .
Scarpia (atmet erleichtert auf):

  Gar nicht übel!
Chor (hinter der Szene):
  Preiset Gott mit eurem
  Lobgesang!
*Spoletta (zeigt auf das Vor-
  zimmer):*
  Er ist dort!

Scarpia: Quel bravo Spoletta!
Spoletta (esitando):
  Fiuto! razzolo!
  frugo!
*Scarpia (si avvede dell'indecisio-
  ne di Spoletta e si leva ritto,
  pallido d'ira, le ciglia corru-
  gate):*
  Ahi l'Angelotti? . . .
Spoletta: Non s'è trovato!
Scarpia (con rabbia crescente):
  Ah, cane! Ah, traditore!
  Ceffo di basilisco,
  (gridando)
  alle forche! . . .
*Spoletta (tremante, cerca scon-
  giurare la collera di Scarpia):*
  Gesù!
  (timidamente)
  C'era il pittor . . .
Scarpia (interrompendolo):
  Cavaradossi?
*Spoletta (accennando di sì col ca-
  po, aggiungendo subito):*
  Ei sa
  dove l'altro s'asconde . . .
  Ogni suo gesto, ogni accento,
  tradìa tal beffarda ironia,
  ch'io lo trassi in arresto!

*Scarpia (come sollevato da un
  peso):*
  Meno male!
Coro (interno):
  Sale, ascende l'uman cantico,

*Spoletta (accennando all'antica-
  mera):*
  Egli è là.

93

Beim Eintritt Cavaradossis wird ein Motiv deutlich, das vorher bei Spolettas Erzählung von der Verhaftung Cavaradossis kurz angedeutet war und nun, wie auch im späteren Verlauf der Oper steigende Bedeutung erlangen wird: Es soll wahrscheinlich Cavaradossis und Toscas Leiden ausdrücken:

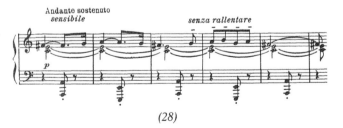

(28)

(Scarpia geht überlegend auf und ab; plötzlich bleibt er stehen. Durch das geöffnete Fenster hört man die im Saal der Königin aufgeführte Kantate. Tosca ist da … ein Stockwerk unter ihm.)
Scarpia *(hat plötzlich einen Einfall; er sagt zu Spoletta):*
    Den Cavalier führt jetzt herein!
        (Spoletta ab)
Chor: Laßt ihn tönen, laßt ihn hallen,
Scarpia *(zu Sciarrone):*
    Dann schick Roberti und mit ihm auch den Richter!
    (setzt sich wieder zu Tisch)
Chor:
    als ein tiefempfund'nes[1] Dankgebet!
(Spoletta und drei Polizisten führen Mario Cavaradossi herein; danach folgen Roberti, der die Folterung leitet, der Richter sowie ein Schreiber und Sciarrone.)
Cavaradossi *(tritt heftig, voll Überlegenheit ein):*
    Ein Gewaltakt!
Chor:
    Den geweissagt die Propheten,
    höre an unser brünstiges[2] Flehn!

(Scarpia passeggia meditando; ad un tratto si arresta: dall'aperta finestra odesi la Cantata eseguita dai Cori nella sala della Regina. Dunque Tosca è tornata, è là, sotto di lui.)
Scarpia *(gli balena un'idea e subito dice a Spoletta):*
    Introducete il Cavalier.

        (Spoletta esce.)
Coro: varca spazi, varca cèli

Scarpia *(a Sciarrone):*
    A me Roberti e
    il Giudice del Fisco.
    (Scarpia siede ancora a tavola.)
Coro:
    per ignoti soli empirei

(Spoletta e tre birri introducono Mario Cavaradossi. Poi Roberti, esecutore di giustizia, il Giudice del Fisco con uno scrivano e Sciarrone.)
Cavaradossi *(altero, avanzandosi con impeto):*
    tale violenza! …
Coro:
    profetati dai Vangeli,
    a te giunge, o re dei re!

---

[1] Im Sopran I steht für »tiefempfundnes« hier »heißes«.
[2] Anstelle von »brünstiges« singen Sopran II und Alt »heißes«.

Gerade, als Scarpia von Angelottis Flucht spricht, wird Toscas Stimme aus dem anderen Stockwerk hörbar, leuchtend führt sie die Kantate an. Beide Männer verstummen. Dann aber nimmt Scarpia die Unterredung wieder auf, die immer mehr zum Verhör wird.

Wiederum, wie schon beim Tedeum zu Ende des ersten Akts, führt Puccini hier zwei völlig kontrastierende Handlungsabläufe gleichzeitig durch: das superrealistische Rededuell der beiden Feinde und die feierliche Kantate.

96

Scarpia (mit gesuchter Höflichkeit):
Cavalier, ich bitte, sich zu
setzen . . .
Cavaradossi: Nun, was gibt's?
Scarpia (weist auf einen Stuhl ihm gegenüber):
Ich bitte . . .
Cavaradossi (ablehnend):
Nein danke!
Scarpia: Na, schön!
(fixiert Mario Cavaradossi, bevor er ihn fragt)
Chor:
Unser Sang, er steige empor!
Gott, zu dir!
Scarpia:
Ihr wißt, daß ein Gefang'ner . . .
(Beim Klang von Toscas Stimme, die jetzt in die Kantate einstimmt, bricht er ab.)
Tosca (hinter der Szene):
Du Gott
hast Großes an deinen Kindern getan . . .
Chor: Wir danken dir von
Herzen,
danken dir, o ewiger Vater.
Du gabst uns den Sieg.
Cavaradossi (hört Toscas Stimme und ruft erregt):
Toscas Stimme!
Scarpia (fährt fort):
Ihr wißt, daß ein Gefangner
heute entfloh
aus dem Castel Sant' Angelo?
Chor: Herr von Ewigkeit zu
Ewigkeit!

Scarpia (con studiata cortesia):
Cavalier, vi piaccia
accomodarvi.
Cavaradossi: Vo' saper . . .
Scarpia (accennnando una sedia al lato opposto della tavola):
Sedete.
Cavaradossi (rifiutando):
Aspetto.
Scarpia: E sia!
(Guarda fisso Mario Cavaradossi prima di interrogarlo.)
Coro:
Questo canto voli a te,

Scarpia:
V'è noto che un prigione . . .

(all' udire la voce di Tosca che prende parte alla Cantata, si interrompe.)
Tosca (interno):
A te
quest'inno di gloria voli a te.

Coro: A te
quest'inno voli
sommo Iddio della vittoria;

Cavaradossi (udendo la voce di Tosca esclama commosso):
La sua voce! . . .
Scarpia (riprendendosi):
. . . v'è noto che un prigione
oggi è fuggito da Castel Sant'-Angelo?
Coro: Dio che fosti innanzi ai
secoli

97

Tosca: O Vater,
  nimm aus tieferfülltem Herzen
  Dank!

Chor: Ew'ger Vater! Höre!
  O Vater der Gnade!
  Nimm aus tieferfülltem
  Herzen
  unsern Dank an!
  Unser inbrunstvolles Dank-
  gebet,
  es steigt zum Himmel empor.

Cavaradossi: Nichts weiß ich.

Scarpia: Und doch wird behauptet,
  daß Ihr's wart,
  der ihn versteckt in Sant' Andrea,
  versehen mit Nahrung und
  Kleidern . . .

Cavaradossi (entschieden):
  Verleumdung!

Scarpia (fährt ruhig weiter fort):

  . . . ihn geführt dann in
  Euere Villa
  vor dem Tore . . .

Cavaradossi: Lüge! Wer sagt
  das?

Scarpia (honigsüß):
  Ein treuer Freund des
  Staates . . .

Cavaradossi: Zur Sache!

Tosca: O Vater, nimm unsern
  Dank an!

Cavaradossi: Wer verklagt mich?
  (ironisch)
  Vergebens suchten sie in meiner Villa.

Tosca: Or voli
  quest'uman inno di gloria a te!

Coro: alle cantiche degli angeli
  quest'inno di gloria
  or voli a te![1]

Cavaradossi: Ignoro.

Scarpia: Eppur si pretende
  che voi l'abbiate accolto in
  Sant'Andrea,
  provvisto di cibo e di vesti . . .

Cavaradossi (risoluto):
  Menzogna!

*Scarpia (continuando a mante-
  nersi calmo):*
  . . . e guidato
  ad un vostro podere
  suburbano.

Cavaradossi: Nego. Le prove?

Scarpia (mellifluo):
  Un suddito fedele . . .

Cavaradossi: Al fatto.

Tosca: A te quest'inno di gloria!

Cavaradossi: Chi m' accusa?
  (ironico)
  I vostri birri
  invan frugar la villa.

---

[1] Im Italienischen wird stets wiederholt der gleiche Text gesungen, während das Deutsche vom Übersetzer ausgeschmückt wird!

Scarpia ist aufgesprungen und hat, vor Nervosität seiner kaum mächtig, heftig das Fenster geschlossen. Die Stimmen Toscas und des Chors verstummen plötzlich, es ist unheimlich still geworden.

Scarpia: Weil er so gut versteckt war.

Cavaradossi:
Verdacht von Spionen!

Spoletta (fährt beleidigt dazwischen):
Als das Haus wir durchsuchten,
wagt' er zu lachen ...

Cavaradossi: Ich lache noch!

Scarpia (erhebt sich schreckeinflößend):
Aber dies ist ein Schreckensort!

(drohend)
Bedenket!

(sehr erregt)
Genug jetzt!
Gebt mir Antwort!

(Abgelenkt und gestört durch den Kantatengesang geht er, das Fenster zu schließen.)
(befehlend zu Cavaradossi):
Wo ist Angelotti?

Cavaradossi: Weiß ich nicht.

Scarpia: Gestehet,
daß Ihr ihm brachtet
Speisen ...

Cavaradossi: Niemals!

Scarpia: Und Kleider ...

Cavaradossi: Niemals!

Scarpia: Gestehet,
daß Ihr ihn in der Villa verstecktet ...

Cavaradossi (mit Kraft):
Niemals! Niemals!

Scarpia (wieder ruhig, fast väterlich):
Mein Herr,
ich rate zur Besinnung.

Scarpia: Segno che è ben celato.

Cavaradossi:
Sospetti di spia!

Spoletta (offeso, interviene):

Alle nostre ricerche egli rideva ...

Cavaradossi: E rido ancor.

Scarpia (terribile alzandosi):

Questo è luogo di lacrime!

(minaccioso)
Badate!

(nervosissimo)
Or basta! Rispondete!

(Irritato e disturbato dalle voci della Cantata, va a chiudere la finestra.)
(imperioso a Cavaradossi):
Ov'è Angelotti?

Cavaradossi: Non lo so.

Scarpia: Negate d'avergli dato cibo?

Cavaradossi: Nego!

Scarpia: E vesti?

Cavaradossi: Nego!

Scarpia: E asilo nella villa?
E che là sia nascosto?

Cavaradossi (con forza):
Nego! nego!

Scarpia (quasi paternamente, ritornando calmo):
Via, Cavaliere, riflettete:

Bei der noch ein wenig verschlüsselten Androhung der Folter erklingt im Orchester eine schmerzliche Tonfolge: eine absteigende Sekunde, von vielen Komponisten als »Seufzermotiv« verwendet, leitet sie ein.

Die donnernden Akkorde des Scarpiamotivs (Nr. 1) – allerdings hier in rascher Aufeinanderfolge und mit einem zwischen As-Dur und E-Dur eingeschalteten Ges-Dur-Akkord – deuten dessen Entschluß an, Cavaradossi das sorgsam gehütete Geheimnis in der Folter zu entreißen.
Tosca tritt ein, ihr Motiv (Nr. 11 in leichter Umgestaltung) begleitet sie.

Scarpia weist Cavaradossi in die Folterkammer, mit voller Kraft erklingt sein Leidensmotiv (Nr. 28). Und später vermengen sich im Orchester vielerlei Motive und deren variierte Abwandlungen. Wer Puccini »primitiv« nennt, käme bei solchen Orchesterabläufen in Verlegenheit; vielleicht sähe er, daß er Klarheit mit Primitivität verwechselt.

102

Klug ist es nicht,
daß Ihr mit solchem Trotze
leugnet.
Durch ein Geständnis bliebe
mancher Kummer
Euch erspart!
Ich rat Euch dringend, sagt
mir's!
Also: wo ist Angelotti?
Cavaradossi: Weiß ich nicht.
Scarpia:
   Ich frag zum letzten Male!
   So sprecht!
Cavaradossi: Kein Wort!
Spoletta:
   Da hilft nur noch die Folter!

saggia non è cotesta
ostinatezza vostra.
Angoscia grande, pronta con-
fessione
eviterà! Io vi consiglio, dite:
dov'è dunque Angelotti?

Cavaradossi: Non lo so.
Scarpia:
   Ancor, l'ultima volta. Dov'è?

Cavaradossi: Nol so!
Spoletta:
   O bei tratti di corda!

*(Tosca tritt ein, sieht Cavaradossi
und läuft auf ihn zu, ihn zu umarmen.)*
Scarpia (sieht Tosca):
   Wunderbar!
Tosca: Mario, du hier?
*Cavaradossi (leise zu Tosca, die
   zu erkennen gibt, daß sie verstanden hat):*
   Verschweige, was du sahest,
   denn das kann mein Tod sein!
Scarpia: Mario Cavaradossi,
   auf Euch als Zeugen wartet
   dort der Richter.
*(Er winkt Sciarrone, den Eingang
   zur Folterkammer zu öffnen.)*

   (zu Roberti gewendet):
   Erst die üblichen Formen...
   Später dann nach Weisung...

*(Tosca entra affannosa. Vede
Cavaradossi e corre ad abbrac-
ciarlo.)*
Scarpia (vedendo Tosca):
   Eccola!
Tosca: Mario, tu qui?!
*Cavaradossi (sommessamente a
   Tosca, che accenna d'aver ca-
   pito):*
   Di quanto là vedesti, taci,
   o m'uccidi!...
Scarpia: Mario Cavaradossi,
   qual testimone il Giudice
   v'aspetta.
*(Fa cenno a Sciarrone di aprire
l'uscio che dà alla camera della
tortura.)*
   (rivolgendosi a Roberti):
   Pria le forme ordinarie...
   Indi... ai miei cenni...

103

Das Orchester nimmt einen geradezu freundlichen Plauderton an: Mit höchstem Zynismus fordert Scarpia Tosca zum »Plaudern wie gute Freunde« auf, während im Nebenraum die Folterung ihres Geliebten begonnen hat:

(29)

Das Orchester untermalt den beginnenden Dialog, ohne Eigenbedeutung zu gewinnen: Das Drama ist so wichtig, daß jedes Wort klar verständlich sein soll.

(Der Richter geht in die Folterkammer, die anderen folgen ihm; Tosca und Scarpia bleiben zurück. Spoletta zieht sich nach der Tür im Hintergrund zurück.)
(Sciarrone schließt den Eingang zur Folterkammer. Tosca zeigt sich aufs äußerste überrascht; Scarpia beruhigt sie mit ausgesuchter Höflichkeit.)

Scarpia *(mit Galanterie):*
  Nun wollen wir als gute Freunde plaudern.
  (bietet Tosca einen Platz an)
  Welche Angst in Ihren Mienen . . .
Tosca (setzt sich mit erkünstelter Ruhe):
  Ich habe keine Angst . . .
Scarpia (tritt hinter das Sofa, auf dem Tosca Platz genommen hat und beugt sich über die Lehne):
  Die Sache mit dem Fächer . . .
Tosca (mit gespielter Gleichgültigkeit):
  War Eifersucht, nichts weiter . . .
Scarpia: Die Attavanti war also nicht in der Villa?
Tosca: Nein, er war allein dort.
Scarpia: Wirklich?
  (boshaft forschend)
  Seid Ihr Euch dessen sicher?
Tosca: Nichts entgeht meinem Mißtrauen.
  (gereizt und hartnäckig)
  Allein! Sicher!
Scarpia (trägt einen Stuhl zu Tosca hin und setzt sich ihr gegen-

(Il Giudice entra nella camera della tortura; gli altri lo seguono, rimanendo Tosca e Scarpia. Spoletta si ritira presso alla porta in fondo alla sala.)
(Sciarrone chiude l'uscio. Tosca fa un atto di grande sorpresa: Scarpia, studiatamente gentile, la rassicura.)

Scarpia *(con galanteria):*
  Ed or fra noi parliam da buoni amici.
  (Accenna a Tosca di sedere)
  Via quell'aria sgomentata . . .

Tosca (siede con calma studiata):

  Sgomento alcun non ho . . .
Scarpia (passa dietro al canapè ov'è seduta Tosca e vi si appoggia):

  La storia del ventaglio? . . .
Tosca (con simulata indifferenza):
  Fu sciocca gelosia.

Scarpia: L'Attavanti non era dunque alla villa?
Tosca: No: egli era solo.
Scarpia: Solo?
  (indagando con malizia)
  Ne siete ben sicura?
Tosca: Nulla sfugge ai gelosi.

  (con insistenza stizzosa)
  Solo! Solo!
Scarpia (prende una sedia, la porta di fronte a Tosca, vi si siede e

105

Erst bei der erneuten Drohung Scarpias – nun an Tosca, die von den Vorgängen im Nebenraum nicht die geringste Ahnung hat – reckt sich ein unheimliches Motiv gefährlich empor:

(Fortsetzung des Notenbeispiels S. 108)

106

über, um sie zu fixieren):
Allein?!
Tosca (noch gereizter):
Ganz allein!
Scarpia: Welches Feuer!
Fast, als hättet Ihr Angst,
Euch zu verraten.
*(Er dreht sich nach dem Eingang
der Folterkammer um und ruft):*

Sciarrone: was sagt der
Cavalier?
*Sciarrone (erscheint auf der
Schwelle):* Gar nichts!
Scarpia (noch lauter):
Mache weiter!
*(Sciarrone geht zurück und
schließt den Zugang.)*
Tosca (lacht): Ach, wie nutzlos!
*Scarpia (sehr ernst; er ist aufge-
standen und geht hin und her):*
Nur Geduld, meine Dame!
*Tosca (langsam, mit spöttischem
Lächeln):*
Muß man vielleicht noch
lügen,
nur mit Rücksicht auf Euch?

Scarpia: Nein, doch könnte die
Wahrheit
ihm diese Qual sicher ver-
kürzen . . .

la guarda fisso):
Davver?!
Tosca (assai stizzita):
Solo! sì
Scarpia: Quanto fuoco!
Par che abbiate paura
di tradirvi.
*(rivolgendosi verso l'uscio della
camera della tortura, chia-
mando):*
Sciarrone: che dice il Cavalier?

*Sciarrone (apparisce sul li-
mitare):* Nega.
Scarpia (a voce più alta):
Insistiamo.
*(Sciarrone rientra, chiudendo
l'uscio.)*
Tosca (ridendo): Oh! è inutil!
*Scarpia (Seriissimo, s'alza e pas-
seggia):*
Lo vedremo, signora.
*Tosca (lentamente, con sorriso
ironico):*
Dunque per compiacervi, si
dovrebbe mentir?

Scarpia: No; ma il vero potrebbe
abbreviargli un'ora assai penosa . . .

Toscas bis dahin beherrscht ruhige Aussagen weichen nun
immer verzweifelteren Ausbrüchen.

Tosca (überrascht):
Und was soll das heißen?
Welche Qual?
Was tun sie dort im Zimmer?
Scarpia: Sie zwingen ihn, die
Wahrheit zu sagen.
Tosca: O Gott! Und wie?
*Scarpia (mit wildem Ausdruck
und zunehmender Kraft):*
Gebunden an ein Kreuz trägt
Euer Freund
ein Stacheldiadem um seine
Schläfen.
Bei jedem »Nein« dringen ihm
die Stacheln
tiefer ins Fleisch!
Tosca (aufspringend):
Nein, das ist ja nicht wahr!
Dämonisches Höllenspiel . . .
*(Sie horcht angsterfüllt, mit den
Händen nervös die Sofalehne um-
klammernd.)*
Cavaradossi (langes Stöhnen):
Ah!
Tosca: Ein Klagelaut?
Hört auf! Hört auf!
Scarpia: Ihr könnt ihn retten.
Tosca: Ja, gut: nur beendet die
Folter!

Tosca (sorpresa):
Un'ora penosa?
Che vuol dir?
Che avviene in quella stanza?
Scarpia: È forza che s'adempia la
legge.
Tosca: Oh, Dio! . . . che avvien?
*Scarpia (con espressione di fero-
cia e con forza crescente):*
Legato mani e piè
il vostro amante ha un cerchio
uncinato alle tempia,
che ad ogni niego ne sprizza
sangue senza mercè.

Tosca (balzando in piedi):
Non è ver, non è ver! Sogghi-
gno di demone . . .
*(Ascolta con grande ansietà, le
mani nervosamente avvinghiate
alla spalliera del canapè.)*
*Cavaradossi (gemito prolun-
gato):* Ahimè!
Tosca: Un gemito
pietà, pietà!
Scarpia: Sta in voi salvarlo.
Tosca: Ebben . . . ma cessate,
cessate!

Mag die Musik hier auch streckenweise eines »absoluten« Wertes entbehren, so ist sie doch als dramatische Untermalung glänzend gelungen. Sie arbeitet mit Motiven, oft auch nur mit deren Andeutungen, bildet aber gelegentlich auch neue, die sich zwanglos zu den vorherigen gesellen und stets die Stimmung genau widerzuspiegeln wissen.

Scarpia (nähert sich dem Eingang und öffnet ihn):
Sciarrone, befreit ihn!
Sciarrone (erscheint auf der Schwelle):
Völlig?
Scarpia: Völlig.
(Sciarrone kehrt in die Folterkammer zurück und schließt die Tür.)
Die Wahrheit sagt mir jetzt...
Tosca: Laßt ihn zu mir!
Scarpia: Nein!
Tosca (gelingt es allmählich, in die Nähe des Zugangs zur Folterkammer zu kommen):
Mario!
Cavaradossi (hinter der Szene, schmerzlich):
Tosca!
Tosca: Quält man dich noch immer?
Cavaradossi: Nein... Sei standhaft...
Schweige, schweige!
Ich halt' es aus!
Scarpia (sich Tosca nähernd):
Und nun, Tosca, nun redet!
Tosca (wieder gefaßt):
Ich weiß gar nichts!
Scarpia: So war die Probe nutzlos?
(will sich dem Eingang nähern)
Roberti, wiederhole...
Tosca (eilt zwischen den Zugang und Scarpia, um seinen Befehl zu verhindern):
Nein! Nicht weiter!
Scarpia: So wollt Ihr reden?

Scarpia (avvicinandosi all'uscio e aprendolo):
Sciarrone, sciogliete.
Sciarrone (apparendo sul limitare):
Tutto?
Scarpia: Tutto.
(Sciarrone rientra nella camera della tortura, chiudendo l'uscio.)
Ed or la verità.
Tosca: Ch'io lo veda!...
Scarpia: No!
Tosca (poco a poco riesce ad avvicinarsi all'uscio):

Mario!
Cavaradossi (interno, dolorosamente):
Tosca!
Tosca: Ti straziano ancora?

Cavaradossi: No, coraggio.
Taci, taci!
Sprezzo il dolor!

Scarpia (avvicinandosi a Tosca):
Orsù, Tosca, parlate.
Tosca (rinfrancata):
Non so nulla!
Scarpia: Non vale quella prova?
(Fa per avvicinarsi all'uscio)
Roberti, ripigliamo...
Tosca (si frappone fra l'uscio e Scarpia, per impedire che dia l'ordinde):
No! Fermate!
Scarpia: Voi parlerete?

*Tosca bricht in höchste Verzweiflung aus, das Orchester treibt
ihre Stimme in eine Phrase unendlicher Angst:*

(31)

Tosca (gegen Scarpia gewendet):
Nein! Nein! Du Unmensch,
du quälst ihn zu Tode!

Tosca (contro Scarpia):
No! No! Ah! mostro,
lo strazi... l'uccidi!

Von hier an jagen Drama und Musik in extremen Ausdruckslagen dahin. Puccini findet Steigerungen, wie er sie bis dahin in keinem seiner Werke brauchte.

Das unmenschliche Drängen Scarpias, das fast wahnsinnig hervorgestoßene Leugnen Toscas ergeben eine der veristischsten Opernszenen der gesamten Literatur. Auf dem Gipfelpunkt – Tosca mit mehreren Spitzentönen, einmal bis ins hohe C – taucht ein Motiv auf, das später in Toscas »Gebet« eine Hauptrolle spielen wird.

Scarpia: Die Schuld seiner Qualen trägst du nur, du allein!
(lacht)
Tosca: Du lachst noch zu all diesen Qualen?
Scarpia (mit Emphase):
  So tragisch wart Ihr auf der Bühne noch nie!
(Tosca weicht entsetzt von Scarpia zurück, der in einem plötzlichen Wutanfall Spoletta anschreit.)
  (geschrien, fast ohne feste Tonhöhe):
  So öffne die Tür, daß man höre das Stöhnen!
(Spoletta öffnet den Eingang und stellt sich davor.)
Cavaradossi (hinter der Szene):
  Ich weiß nichts!
Scarpia (schreit zu Roberti hinein):
  Noch stärker! Noch stärker!
Cavaradossi: Ich weiß nichts!
Scarpia (zu Tosca): Gesteht Ihr?
Tosca: Ja, was denn?
Scarpia: Beeilt Euch!
Tosca: Ach, ich weiß gar nichts
  (verzweifelt)
  Ah! Ich lüge nicht!
Scarpia (drängend):
  Sagt, wo ist Angelotti?
Tosca: Nein!
Scarpia (auf Tosca eindringend):
  So redet doch, sagt mir,
  wo hält er sich versteckt?
  Wohin entfloh er? Wohin?

Scarpia: Lo strazia quel vostro silenzio assai più!
(Ride)
Tosca: Tu ridi all'orrida pena?
Scarpia (con entusiasmo):
  Mai Tosca alla scena più tragica fu!
(Tosca, inorridita, si allontana da Scarpia che, preso da subitaneo senso di ferocia, si rivolge a Spoletta.)
  (gridando, quasi senza nota):
  Aprite le porte che n'oda i lamenti.
(Spoletta apre l'uscio, ponendovisi ritto innanzi.)
Cavaradossi (di dentro):
  Vi sfido!
Scarpia (gridando a Roberti):
  Più forte! Più forte!
Cavaradossi: Vi sfido.
Scarpia (a Tosca): Parlate!
Tosca: Che dire?
Scarpia: Su, via!
Tosca: Ah! non so nulla!
  (disperata)
  Ah! dovrei mentir?
Scarpia (insistendo):
  Dite dov'è Angelotti?
Tosca: No!
Scarpia (incalzando Tosca):
  Parlate su via,
  dove celato sta?
  Su, via parlate ov'è?

Tosca: Ah! Laßt mich endlich!
Ah! Mein Gott! Ah! Beendet
die Qual!
Beendet die Qual!
Ach, ich kann nicht mehr!
*(Sie macht eine flehende Gebärde
gegen Scarpia, der Spoletta einen
Wink gibt, Tosca näher an die
Folterkammer heranzulassen. Sie
geht dicht an den geöffneten Ein-
gang. Entsetzt von dem Anblick
der furchtbaren Szene wendet sie
sich an Cavaradossi.)*
Cavaradossi (hinter der Szene):
(ein lauter Wehruf)
Ah!
*Tosca (schmerzvoll, dicht an der
Tür der Folterkammer):*

Mario, erlaubst du zu reden?

*Cavaradossi (mit gebrochener
Stimme):*
Nein! Nein!
Tosca: Ach hör doch: ich kann
nicht mehr . . .
Cavaradossi: Törin, sei still!
Was weißt du?
*Scarpia (von Cavaradossis Wor-
ten stark gereizt und befürch-
tend, Tosca könne dadurch
noch mehr zum Schweigen er-
mutigt werden, schreit Spoletta
an):*
Spoletta, mach ihn schweigen!
*(Spoletta geht in die Folterkam-
mer und kommt bald wieder heraus, während Tosca, von der
furchtbaren Aufregung überwältigt, auf das Sofa sinkt und sich*

Tosca: Ah! più non posso! Ah!
che orror!
Ah! cessate il martir!
È troppo soffrir! Ah! non posso più!
*(Si rivolge supplichevole a Scar-
pia, il quale fa cenno a Spoletta di
lasciare avvicinare Tosca: questa
va presso l'uscio aperto, ed ester-
refatta alla vista dell'orribile scena, si rivolge a Cavaradossi.)*

Cavaradossi (di dentro):
(lamento forte)
Ahimè!
*Tosca (dolorosamente, presso la
porta della camera della tor-
tura):*
Mario, consenti ch'io
parli? . . .
Cavaradossi (con voce spezzata):
No! No!

Tosca: Ascolta, non posso più . . .

Cavaradossi: Stolta, che sai?
che puoi dir?
*Scarpia (irritatissimo per le parole
di Cavaradossi, e temendo che
da queste Tosca sia ancora in-
coraggiata a tacere, grida terribile a Spoletta):*

Ma fatelo tacere! . . .
*(Spoletta entra nella camera del-
la tortura, e n'esce poco dopo,
mentre Tosca, vinta dalla terribile
commozione, cade prostrata sul
canapè e con voce singhiozzante*

In rasendem Tempo spielt sich nun alles ab. Zu den beiden gleichsam miteinander kämpfenden Stimmen tritt die ein Gebet murmelnde des gefühllosen Häschers Spoletta: ebenfalls eine Szene von fast unglaublichem Zynismus.

Tosca ist zusammengebrochen. Im Orchester donnern die Akkorde Scarpias auf sie nieder (hier in der erweiterten Form: C-Dur, B-Dur, As-Dur, Ges-Dur, E-Dur, wobei die Grundtöne eine absteigende Ganztonleiter bilden, da E-Dur identisch mit Fes-Dur ist; eine harmonisch sehr starke Fortschreitung, die näher zu untersuchen wert wäre. Während also die Harmonien »absteigen«, geht die Melodielinie aufwärts: Dieses »Auseinanderreißen« hat wohl tonmalerische Funktion: So fühlt Tosca sich zerrissen zwischen ihrer Angst um Cavaradossi und dem Geheimnis, das sie bewahren will). Sie gesteht schließlich, tonlos und vernichtet:

(Notenbeispiel S. 120)

118

mit schluchzender Stimme zu Scarpia wendet, der gefühllos dasteht und schweigt.)

Tosca: Was hab ich Euch denn getan?
Denn ich bin's, die Ihr peinigt und foltert!
Meine Seele foltert Ihr . . .

(von Schluchzen geschüttelt, flüstert sie):
Was tat ich Euch, daß Ihr mich foltert?

Spoletta (murmelt in Gebetshaltung):
Judex ergo cum sedebit,
quidquid latet apparebit,
nil inultum remanebit.

(Scarpia macht sich Toscas Verzweiflung zunutze, tritt an die Tür der Folterkammer und gibt ein Zeichen, von neuem mit der Tortur zu beginnen.)

Cavaradossi (ein furchtbarer langgezogener Schrei):
Ah!

(Bei Cavaradossis Schrei springt Tosca auf und sagt hastig mit erstickter Stimme zu Scarpia):

---

si rivolge a Scarpia che stà impassibile e silenzioso.)

Tosca: Che v'ho fatto in vita mia?
Son io
che così torturate! . . . Torturate
l'anima . . .

(Scoppia in singhiozzi straziati, mormorando):
Sì, l'anima mi torturate!

Spoletta (brontolando in attitudine di preghiera):
Judex ergo cum sedebit
quidquid latet apparebit,
nil inultum remanebit.

(Scarpia, approfittando dell'accasciamento di Tosca, va presso la camera della tortura e fa cenno di ricominciare il supplizio.)

Cavaradossi (straziante grido acuto e prolungato):
Ah!

(Al grido di Cavaradossi, Tosca si alza di scatto e subito, con voce soffocata, dice rapidamente a Scarpia):

(32)

Zu der Szene, in der ein physisch vernichteter Cavaradossi aus der Folterkammer getragen wird, erklingt ein früheres Motiv (Nr. 28), nun zu einem schmerzlichen Trauermarsch ausgestaltet:

(33)

Er wird vom zärtlichen Motiv Nr. 16 ein wenig aufgehellt, das einem der Gesänge Cavaradossis an Tosca im ersten Akt so innigen Klang verliehen hatte.

Tosca: Im Brunnen dort im Garten...

Scarpia: Da ist Angelotti?

Tosca (erstickt): Ja!

Scarpia (laut, zur Folterkammer hin gesprochen):
Schluß jetzt, Roberti!

Sciarrone (erscheint in der Tür):
Er liegt in Ohnmacht!

Tosca (zu Scarpia):
Feiger Mörder! Ich will ihn sehen!

Scarpia (zu Sciarrone):
So bringt ihn hierher!

(Der ohnmächtige Cavaradossi wird von Polizisten hereingetragen und auf das Sofa gelegt. Tosca läuft zu ihm, aber erstarrt von dem Anblick des mit Blut besudelten Cavaradossi, bleibt sie stehen und schlägt die Hände vor die Augen. Tosca schämt sich ihrer Schwäche, geht zu Cavaradossi und küßt ihn weinend zu wiederholten Malen. Sciarrone, der Richter, Roberti gehen nach dem Hintergrunde ab; Spoletta und die Polizisten bleiben auf einen Wink Scarpias zurück.)

Cavaradossi (zu sich kommend):
Floria!

Tosca: Geliebter...

Cavaradossi: Ja, du?

Tosca: Was mußt du leiden, mein armes Herz!
Der Himmel straft ihn für seine Tat!

Cavaradossi: Tosca, hast du geschwiegen?

Tosca: Nel pozzo ... nel giardino ...

Scarpia: Là è l'Angelotti?

Tosca (soffocato): Sì...

Scarpia (forte, verso la camera della tortura):
Basta, Roberti.

Sciarrone (apparendo sulla porta):
È svenuto!

Tosca (a Scarpia):
Assassino! Voglio vederlo...

Scarpia (a Sciarrone):
Portatelo qui!

(Appare Cavaradossi svenuto portato dai birri e vien deposto sul canapè. Tosca corre a lui, ma è presa da orrore alla vista di Cavaradossi tutto insanguinato, e s'arresta coprendosi gli occhi colle mani. Tosca, vergognosa della sua debolezza si avvicina a Cavaradossi coprendolo di baci e lagrime. Sciarrone, il Giudice, Roberti, lo scrivano escono dal fondo, i birri e Spoletta ad un cenno di Scarpia, rimangono.)

Cavaradossi (riavendosi):
Floria!...

Tosca: Amore...

Cavaradossi: Sei tu?...

Tosca: Quanto hai penato, anima mia! Ma il giusto Iddio lo punirà!

Cavaradossi: Tosca, hai parlato?

Dann die Scarpiaakkorde – ohne den letzten –, und nun nicht mehr drohend: Scarpia hat gesiegt. Mit ruhiger, aber unendlich triumphierender Stimme gibt er Spoletta die Anweisung, wo Angelotti zu suchen ist. Dann sofort, diesen Triumph auskostend, nochmals die gleichen Akkorde, nun noch über den vorher letzten hinausgeführt, als wolle Scarpia seinen Sieg voll genießen; er hat nicht nur sein Ziel erreicht, den geflüchteten Feind in seine Macht zu bekommen, sondern auch, die Liebenden zu entzweien.

Da stürzt – ganz gegen die Disziplin einer Polizeizentrale – Sciarrone herein und verkündet Scarpia die Nachricht von der Niederlage der königlichen Truppen und dem Sieg Napoleons. Die Wirkung auf Scarpia ist niederschmetternd: ein wildes Toben im Orchester drückt es sehr plastisch aus.

Tosca: Ja, mein Herz...
Cavaradossi: Wahrhaftig?
Scarpia (mit Nachdruck zu Spoletta):
»Im Brunnen dort im
Garten...«,
Geh, Spoletta!
(Spoletta ab)
Cavaradossi (erhebt sich drohend gegen Tosca):
Du verrietst mich!
(läßt sich fallen; gebrochen)
Tosca (umschlingt Cavaradossi):

Mario!
Cavaradossi (sucht sie abzuschütteln): Fort, Verfluchte!
Tosca: Mario!
Sciarrone (eilt mit bestürztem Gesicht herein):
Exzellenz, hört, was geschehen...
Scarpia (überrascht):
Was soll diese Trauermiene?
Sciarrone: Unsre Truppen sind geschlagen...
Scarpia: ... sind geschlagen?!
Wie denn? Wo denn?
Sciarrone: Bei Marengo...
Scarpia (außer sich, schreiend):
Höll und Teufel!
Sciarrone: Bonaparte hat gesiegt...
Scarpia: Melas...
Sciarrone: Nein! Melas ist flüchtig!
(Cavaradossi hat mit wachsender Spannung den Worten Sciarrones gelauscht. In seiner Begeisterung

Tosca: No, amor...
Cavaradossi: Davvero?
Scarpia (a Spoletta, con autorità):

Nel pozzo
del giardino. Va, Spoletta!
(Spoletta esce)
Cavaradossi (si leva minaccioso contro Tosca):
M'hai tradito!...
(Si lascia cadere, affranto)
Tosca (abbracciandosi stretta a Cavaradossi):
Mario!
Cavaradossi (cercando respingerla): Maledetta!
Tosca: Mario!
Sciarrone (erompendo affannoso):
Eccellenza, quali nuove!

Scarpia (sorpreso):
Che vuol dir quell'aria afflitta?
Sciarrone: Un messagio di sconfitta...
Scarpia: Che sconfitta? Come?
Dove?
Sciarrone: A Marengo...
Scarpia (impazientito, gridando):
Tartaruga!
Sciarrone: Bonaparte è vincitor...
Scarpia: Melas...
Sciarrone: No. Melas è in fuga!
(Cavaradossi con ansia crescente ha udito le parole di Sciarrone, e nel proprio entusiasmo trova la

Gegen den im Augenblick ratlosen Scarpia erhebt sich mit letzten Kräften der blutende, geschundene Cavaradossi, und mit unsagbarer Begeisterung in der Stimme schleudert er dem Tyrannen seinen Jubel ins Gesicht:

(34)

Die Freiheitshymne Cavaradossis wird durch Toscas flehentliche Bitten, an die Folgen zu denken, und Scarpias allmählich fester werdende Einwürfe zum Terzett.

124

findet er die Kraft, sich drohend gegen Scarpia zu erheben.)

forza di alzarsi minaccioso in faccia a Scarpia.)

Cavaradossi (mit großer Begeisterung):
Viktoria! Viktoria!
(Scarpia sieht Cavaradossi zynisch an.)
Freiheit, leuchte uns rot,
bring den Feinden den Tod!
Steig empor, Freiheit!
Schlagt die Tyrannen tot!

Cavaradossi (con grande entusiasmo):
Vittoria! Vittoria!
(Scarpia fissa cinicamente Cavaradossi.)
L'alba vindice appar
che fa gli empi tremar!
Libertà sorge, crollan
tirannidi!

Tosca (versucht verzweifelt, Cavaradossi zu beruhigen):

Mario, schweige und denk
an mich!
Cavaradossi: Ich verlache die
Pein,

Tosca (disperata, avvinghiandosi a Cavaradossi cercando calmarlo):
Mario, taci, pietà di me!

Cavaradossi: Del sofferto martir

125

Dann wird Cavaradossi fortgeschleift, Tosca wirft sich mit aller Kraft, aber vergeblich, den Folterern in den Weg, Scarpia richtet sich immer selbstsicherer auf: hohnlächelnd gewährt er jetzt dem Todgeweihten eine letzte Erleichterung.

Scarpia (lächelt sarkastisch):
  Ja, bravo!
Cavaradossi: da die Freiheit
  nicht fern . . .
Tosca: O Gott!
Scarpia: Schrei nur!
Tosca: Schweige!
Cavaradossi: Wehe dir, elender
  Scarpia,
  du Henkersknecht!
Scarpia: Beeil dich,
  auf daß ich dich durchschaue
  und ganz erkenne!
Tosca (zu Scarpia):
  Er ist von Sinnen!
Scarpia: Ja, du wirst sterben,
Tosca: O Gott!
Scarpia: dich erwartet der
  Galgen!
Cavaradossi: Du Henkers-
  knecht!
Tosca: O Gott!
Cavaradossi:
  Du Henkersknecht!
Scarpia: Hinweg!
Tosca (zu Scarpia):
  Erbarmt Euch mein!
Scarpia (von Cavaradossis Wor-
  ten gereizt, ruft er den Polizi-
  sten zu):
  So schafft ihn endlich weg!
(Sciarrone und die Polizisten be-
  mächtigen sich Cavaradossis und
  schleppen ihn zur Tür.)
Tosca: Mario, mit dir . . .
Scarpia: Er ist des Todes!
Tosca (versucht mit aller Kraft,
  sich ihnen entgegenzustellen):
  Nein! Nein!
Scarpia: Fort! Fort!

Scarpia (sorride sarcasticamen-
  te): Braveggia!
Cavaradossi: me vedrai qui
  gioir . . .
Tosca:Pietà!
Scarpia: Urla!
Tosca: Taci!
Cavaradossi: il tuo cor trema, o
  Scarpia,
  carnefice!
Scarpia: T'affretta
  a palesarmi il fondo
  dell'alma ria!
Tosca (a Scarpia):
  Non l'ascoltate!
Scarpia: Va, moribondo,
Tosca: Pietà!
Scarpia: il capestro t'aspetta!

Cavaradossi: Carnefice!

Tosca: Pietà!
Cavaradossi:
  Carnefice!
Scarpia: Va, va!
Tosca (a Scarpia):
  Pieta di mè!
Scarpia (irritato dalle parole di
  Cavaradossi, grida agli sbirri):

  Portatemelo via!
(Sciarrone e gli sbirri s'imposses-
  sano di Cavaradossi e lo trascina-
  no verso la porta.)
Tosca: Mario, con te . . .
Scarpia: Va, moribondo!
Tosca (cercando opporsi con tutte
  le forze):
  No! No!
Scarpia: Va, va!

Nur allmählich beruhigt sich das »tutta forza« (mit voller Kraft) spielende, sehr große Orchester, vielerlei kurze Motive werden vernehmbar, aus denen später jenes hervortritt – Nr. 29 –, mit dem Scarpia bereits zuvor seinen unbegrenzten Zynismus bewiesen hat. Wieder schlägt er, zu dieser einschmeichelnden, anscheinend so harmlosen Melodie, Tosca vor, darüber zu plaudern, wie Cavaradossi zu retten sei; dabei ist dessen Tod bei ihm längst beschlossene Sache.

Tosca: Ah! *(klammert sich an Mario und setzt den Polizisten immer mehr Widerstand entgegen):*
Mario! Mario!
(sucht sich, den von Scarpia versperrten Weg zu erzwingen)
Mit dir! Mit dir!
Scarpia (stößt Tosca zurück und schließt die Tür):
Ihr nicht!
Tosca (aufseufzend):
Ach, rettet ihn!
Scarpia: Ich? Ihr!
(Er tritt an den Tisch, sieht die unterbrochene Mahlzeit, dreht sich um und sagt ruhig lächelnd):
Es tut mir leid um all die schönen Sachen.
(Er betrachtet Tosca, die niedergeschlagen und unbeweglich an der Tür steht.)
So sehr ermattet?
Kommt, bezaubernde Signora,
setzt Euch hierher!
Wir wollen dann gemeinsam überlegen, was man tun kann.
Zunächst . . .
(setzt sich, wobei er gleichzeitig Tosca zum Platznehmen auffordert)
Kommt, setzt Euch . . . Ein wenig plaudern.
(wischt ein Glas mit der Serviette aus und hält es dann gegen das Licht des Kandelabers)
Zuerst ein Gläschen . . .
Ein Wein aus Spanien . . .
(schenkt ein)

Tosca: Ah! *(avvinghiandosi a Mario e sempre più opponendosi agli sbirri):*

Mario! Mario!
(cercando forzare il passo sbarrato da Scarpia)
Con te, con te!
Scarpia (respingendo Tosca e chiudendo la porta):
Voi no!
Tosca (come un gemito):
Salvatelo!
Scarpia: Io? . . . voi!
(Si avvicina alla tavola, vede la sua cena interrotta e ritorna calmo e sorridente):
La povera mia cena fu interrotta.
(Vedendo Tosca abbattuta, immobile, ancora presso la porta)

Così accasciata? . . . Via, mia bella signora,
sedete qui. Volete che cerchiamo
insieme il modo di salvarlo?
E allor . . .

(Si siede, accennando in pari tempo di sedere a Tosca)

sedete . . . e favelliamo.

(Forbisce un bicchiere, col tovagliolo, quindi lo guarda a traverso la luce del candelabro)
E intanto un sorso.
È vin di Spagna . . .
(mescendo)

Tosca verkennt Scarpia, unterschätzt seine Gefährlichkeit; mit
Geld versucht sie, den Geliebten freizukaufen.

Das Orchester bringt das Motiv Nr. 6, das wir schon im ersten
Akt als eine Art Schicksalsmotiv Cavaradossis erkannten. Es
wird nun, stark ausgestaltet, zur musikalischen Grundlage von
Scarpias Antwort –, bis zum offenen Bekenntnis seiner Gelüste
auf Tosca. Damit beginnt ein großer arioser Gesang, der Höhe-
punkt in Scarpias Rolle:

(Fortsetzung des Notenbeispiels S. 132)

Ein Schlückchen ...
(sehr charmant)
Das wird Euch guttun.
*Tosca (sitzt Scarpia gegenüber
und sieht ihm fest ins Gesicht.
Sie stützt die Ellbogen auf den
Tisch, hält den Kopf zwischen
den Händen und fragt Scarpia
im Ton tiefster Verachtung):*
Wieviel?
*Scarpia (unerschüttert, während
er einschenkt):*
Wieviel?
Tosca: Den Kaufpreis!
Scarpia (lacht):
Ja, man sagt mir wohl nach,
daß Geld mich besticht,
doch ließ ich noch niemals
schöne Damen
in barer Münze zahlen, nein!
Nein!
(mit deutlicher Anspielung)
Nein, eine Dame ließ ich noch
niemals in
barer Münze zahlen ...
Doch weich' ich ab vom Pfad
beschworener Pflicht:
(mit Nachdruck)
Ganz anders muß der Lohn
sein,
ganz anders muß dann der
Lohn sein!
Und den will heut ich fordern!
Lieb' ich doch längst die Sängerin Tosca!

Un sorso
(con gentilezza)
per rincorarvi.
*Tosca (siede in faccia a Scarpia
guardandolo fissamente; appoggiando i gomiti sul tavolo,
colle mani si soregge il viso e
coll'accento del più profondo
disprezzo chiede a Scarpia):*
Quanto?
*Scarpia (imperturbabile e versan-
dosi da bere):*
Quanto?
Tosca: Il prezzo!
Scarpia (ride):
Già mi dicon venal, ma a donna bella
non mi vendo a prezzo di moneta,
no! No!

(insinuante e con intenzione)
A donna bella io non mi vendo
a prezzo di moneta.
Se la giurata fede
debbo tradir

(con intenzione)
ne voglio altra mercede.
Quest'ora io l'attendeva.
Già mi struggea
l'amor della diva! ...
Ma poc'anzi ti mirai
qual non ti vidi mai!

(35)

Auf dem Gipfel der leidenschaftlichen Erklärung Scarpias – mit dem hohen Ges in der Spitzenregion des Baritons – fällt Toscas verängstigte Stimme ein: As, dann B, schließlich H. Ihre Verzweiflung zerschellt an Scarpias Eiseskälte.

Nun unterstreicht das Orchester, äußerst erregt, mit zumeist knappen Wendungen oder bloßem Streichertremolo mit Holzbläsereinwürfen von starker Chromatik (seit Renaissancezeiten

132

Doch so reizvoll wie heute
hab' ich dich nie gesehen!
(erhebt sich in höchster Erre-
gung)
Deine Tränen entflammten all
meine Sinne,
und der Haß, der aus dem Auge hervorbrach,
entfachte die Begierde!
Als du dort den Geliebten so
geschmeidig
umschlangest, hab' ich mir geschworen:
Heute wird sie mein!
(immer drängender)
Mein!
(Er nähert sich Tosca mit ausge-
breiteten Armen. Tosca hat unbe-
weglich zugehört und ist von den
zügellosen Worten Scarpias wie
versteinert; dann springt sie auf
und flüchtet hinter das Sofa.)
Tosca Ah! *(läuft entsetzt zum*
Fenster)
Scarpia *(sie verfolgend):*
Komm, sei mein!
Tosca *(auf das Fenster zeigend):*
Ah!
Ich springe aus dem Fenster!
Scarpia *(kalt):*
Dein Mario ist als Pfand mir
sicher!
Tosca: Ah! Welch erbärmlicher,
abscheulicher Handel!
(Ein Gedanke blitzt auf: die Kö-
nigin aufzusuchen. Sie läuft zur
Tür.)
Scarpia *(der sie durchschaut,*
bleibt ruhig zurück):
Ich brauche keine Gewalt ...

(Eccitatissimo, si alza)

Quel tuo pianto era lava ai sen-
si miei
e il tuo sguardo
che odio in me dardeggiava,
mie brame inferociva!
Agil qual leopardo
t'avvinghiasti all'amante, ah,
in quell'istante
t'ho giurata mia!

(sempre più incalzando)
Mia!
(Si avvicina a Tosca, stendendo le
braccia; Tosca che aveva ascol-
tato immobile, impietrita le lasci-
ve parole di Scarpia, s'alza di
scatto e si rifugia dietro il canapè.)

Tosca: Ah! *(Inorridita corre alla*
finestra)
Scarpia *(quasi inseguendola):*
Sì, t'avrò!
Tosca *(accennando alla finestra):*
Ah!
Piuttosto giù m'avvento!
Scarpia *(freddamente):*
In pegno Mario tuo mi
resta! ...
Tosca: Ah! miserabile ...
L'orribil mercato! ...
(Le balena l'idea di recarsi presso
la Regina e corre verso la porta.)

Scarpia *(che ne indovina il pensie-*
ro, si tira in disparte):
Violenza non ti farò.

ein stets bewährtes Ausdrucksmittel für innere Spannung) die dramatische Situation, die zu den qualvollsten des Musiktheaters gehört.

Und frei bist du ... kannst gehen.

(Tosca will mit einem Freudenschrei davongehen. Scarpia hält sie höhnisch lachend mit einer Gebärde zurück.)

Doch betrügt dich die Hoffnung:
Unterdes ist dein schöner Mario
schon aufgehängt!

(Tosca weicht entsetzt zurück, starrt Scarpia an und läßt sich auf das Sofa fallen; dann wendet sie den Blick mit einer Gebärde tiefsten Abscheus und voller Haß ab.)
(überzeugt und wohlgefällig)

Wie du mich hassest!
Tosca (voll Haß und Verachtung): Du Schuft!
Scarpia (nähert sich ihr):
Ja, so will ich dich haben!
Tosca (aufgebracht):
Rühr mich nicht an, du Satan
Wag es! Wag es! Verdammter Teufel!
(flieht entsetzt vor Scarpia)
Scarpia: Ich wag es!
(kommt ihr noch näher)
»Lodert Empörung, lodert auch die Liebe!«
Tosca: Laß mich!
Scarpia (sucht sie zu packen):
Komm doch!
Tosca (läuft hinter den Tisch):
Laß mich!
Scarpia: Komm doch!
(verfolgt Tosca)

Sei libera. Va pure.

(Tosca con un grido di gioia fa per escire: Scarpia con un gesto e ridendo ironicamente la trattiene.)

Ma è fallace speranza:
la Regina
farebbe grazia ad un cadavere!

(Tosca retrocede spaventata e fissando Scarpia si lascia cadere sul canapè; poi stacca gli occhi da Scarpia con un gesto di supremo disgusto e di odio.)

(con accento covinto e con compiacenza)
Come tu m'odii!
Tosca (con tutto l'odio e il disprezzo): Ah! Dio! ...
Scarpia (avvicinandosele):
Così, così ti voglio!
Tosca (esasperata):
Non toccarmi, demonio; t'odio, t'odio,
abbietto, vile!
(Fugge da Scarpia inorridita)
Scarpia: Che importa?
(avvicinandosele ancor più)
Spasimi d'ira ... spasimi d'amore!
Tosca: Vile!
Scarpia (cerca di afferarla):
Mia!
Tosca (si ripara dietro la tavola):
Vile!
Scarpia: Mia!
(rincorrendo Tosca)

Ferner, aber scharf und drohend hörbar werdender Trommel-klang unterbricht die zum Zerreißen gespannte Szene für eine kurze Weile, aber er bedeutet kein Aufatmen für Tosca: hier wird Cavaradossis Hinrichtung vorbereitet.

Die unmenschlich bewegungslose Stimme Scarpias weist Tosca alle Schuld an dessen Tod zu. Zu den verklingenden Trommeln wird es wie Klagelaute im Orchester hörbar: zwei Klarinetten, im engen Sekund-Intervall zuerst, dann in eine kleine, schließlich eine große Terz übergehend und im zartesten Pianissimo (ppp) verklingend, schaffen die stimmungsmäßige Einleitung zu Tos-cas Arie (die an deutschen Bühnen »Gebet« genannt wird) und – neben Cavaradossis Arie des dritten Akts – zum berühmtesten Stück der Partitur geworden ist:

(Notenbeispiel S. 138)

Tosca: Zu Hilfe!
Scarpia (geschrien):
  Mein!
Tosca: Zu Hilfe!
Scarpia (heiser): Mein!
Tosca: Zu Hilfe!
(Ferner Trommelschlag unterbricht die Szene. Weit entfernt, leise, dann immer näher kommend.)
Scarpia (deutlich):
  Hörst du?
  Diese Trommeln ...
  Sie rufen ...
  Rufen den Hochverräter
  zum letzten Gange ...
  Die Zeit ist kostbar!
(Tosca, die in schrecklicher Angst gelauscht hat, verläßt das Fenster, stützt sich mit letzter Kraft an die Sofalehne.)
  Weißt du, was zu dieser
  Stunde
  da unten vorgeht? Da!
  Sie richten den Galgen auf.
(Tosca macht eine Bewegung der Verzweiflung und der Angst.)
    (nähert sich ihr)
  Und dein Mario, wie du gewollt,
  wird kaum eine Stunde noch
  leben.
(Tosca läßt sich schmerzgebrochen auf das Sofa fallen. Scarpia geht ungerührt zum Tisch, stützt sich auf eine Ecke, schenkt sich Kaffee ein und trinkt, wobei er Tosca unausgesetzt betrachtet.)

Tosca: Aiuto!
Scarpia (gridato):
  Mia!
Tosca: Aiuto!
Scarpia (urlato): Mia!
Tosca: Aiuto!
(Al suono lontano dei tamburi si arrestano. Da lontano avvicinandosi a poco a poco.)
Scarpia (declamato):
  Odi?
  È il tamburo.
  S'avvia.
  Guida la scorta ultima ai condannati.
  Il tempo passa!
(Tosca, dopo aver ascoltato con ansia terribile, si allontana dalla finestra e si appoggia estenuata al canapè.)
  Sai quale oscura opra laggiù si
  compia?
  Là si drizza un patibolo.

(Tosca fa un movimento di disperazione e di spavento.)
    (avvicinandosele)
  Al tuo Mario,
  per tuo voler, non resta che
  un'ora di vita.

(Tosca affranta dal dolore si lascia cadere sul canapè. Freddamente Scarpia va ad appoggiarsi ad un angolo della tavola, si versa il caffè e lo assorbe mentre continua a guardare Tosca.)

(36)

Wie immer das szenische Spiel hier gestaltet wird (Maria Jeritza, eine der größten Toscadarstellerinnen der Geschichte, pflegte diese Arie liegend zu singen), das Stück bietet stimmlich, musikalisch und szenisch unbegrenzte Ausdrucksmöglichkeiten. Fast alle seine melodischen Phrasen sind im bisherigen Verlauf des Dramas schon aufgetaucht, erhalten aber hier sozusagen ihre letzte, tiefste Erklärung.

Toscas Szene ist mit dem »Gebet« noch nicht beendet. Nach einem kurzen Einwurf Scarpias breitet sie eine neue flehende Melodie aus, den Herzlosen zu bewegen:

(Fortsetzung des Notenbeispiels S. 140)

Tosca:
Nur der Schönheit weiht' ich
mein Leben,
einzig meiner Kunst in Liebe
ergeben!
Mit offnen Händen gab ich für
Arme
barmherzige Spenden...
Immer mit echter Demut
ging ich zur Kirche
und sandte mein Gebet empor
zu Gott,
und mit der gleichen Demut
(steht auf)
weiht ich Blumen dem Altar!
Nun richtet eine Stunde
den Glauben mir zugrunde,
Warum, mein Gott,
suchst du mich heim so
schwer?
Meine Juwelen hab' ich der
Kirche gegeben,
mit meinem Singen wollt' ich
der Menschen Herzen zu dir
wenden.
Warum, mein Gott und Herr,
warum, warum,
o Gott, ah! warum suchst du
mich heim so schwer,
so schwer?
(schluchzt)
Scarpia: Entschließ dich!
Tosca: Auf den Knien soll ich
flehen?
*(wirft sich vor Scarpia auf die
Knie)*
Sieh mich
(schluchzt)

Tosca:
Vissi d'arte, vissi d'amore,
non feci mai male ad anima
viva!
Con man furtiva
quante miserie conobbi,
aiutai...
Sempre con fe' sincera
la mia preghiera
ai santi tabernacoli salì,
sempre con fe' sincera

(alzandosi)
diedi fiori agl'altar.
Nell'ora del dolore
perchè, perchè Signore,
perchè me ne rimuneri così?
Diedi gioielli
della Madonna al manto,
e diedi il canto
agli astri, al ciel, che ne ridean
più belli.
Nell'ora del dolor
perchè, perchè Signor,
ah, perchè me ne rimuneri
così?

(singhiozzando)
Scarpia: Risolvi!
Tosca: Mi vuoi supplice ai tuoi
piedi?
(s'inginocchia davanti a Scarpia)

Vedi,
(singhiozza)

139

(37)

Es ist wirklich, als rühre sie Scarpia. Seine Erwiderung (auf Cavaradossis »Schicksalsmotiv« Nr. 6, denn es geht ja um dessen Leben!) klingt »menschlicher«, wärmer, beinahe bittend. Nun ist es Tosca, die für einen Augenblick die härtere Sprache spricht, überwältigt von Ekel und Empörung.

Ein hartes, erregendes Streichertremolo setzt nach einer kurzen Pause und dem eiligen Klopfen an der Tür ein. Spoletta berichtet von Angelottis Selbstmord: das Verfolgungsmotiv (Nr. 2) bekräftigt seine Worte und geht in das Fluchtmotiv (Nr. 10) über.

Nun folgen Szenen, in denen jedes Wort verständlich sein muß: Puccini verwendet das Orchester mit höchster Kunst (ja Raffine-

mit gefalteten Händen flehen!
Sieh doch!
(streckt ihm die gefalteten Hände entgegen)
Sieh mich,
(verzweifelt)
nur ein Wort sollst du sagen . . .
(demütig)
Hör mein Flehen . . .
Scarpia: Wie schön du bist, o Tosca,
und viel zu reizvoll . . .
Sei es!
Welch ungleicher Handel:
Du willst ein Leben,
ich von dir nur eine Stunde!
Tosca (steht auf, mit tiefer Verachtung):
Fort!
Fort! Mich faßt Entsetzen!
Fort! Fort!
(Klopfen an der Tür)
Scarpia: Wer da?
Spoletta (tritt hastig und erschöpft ein):
Euer Gnaden, Angelotti hat sich eben selbst getötet!
Scarpia: Na gut, hängt ihn an den Galgen als Leiche!
Der andre aber lebt?
Spoletta:
Der Cavalier Cavaradossi?
Exzellenz, alles ist fertig!
Tosca (für sich):
Gott, erbarm dich!
Scarpia (zu Spoletta):
Nein, warte!
(leise zu Tosca)
Nun, also?

le man giunte io stendo a te!
Ecco,
(alzando le mani giunte)

vedi,
(con accento disperato)
E mercè d'un tuo detto,

(avvilita)
vinta aspetto . . .
Scarpia: Sei troppo bella, Tosca, e troppo amante.
Cedo.
A misero prezzo
tu, a me una vita,
io, a te chieggo un'istante!

Tosca (alzandosi, con senso di gran disprezzo):
Va!
Va! Mi fai ribrezzo! Va! Va!

(Bussano alla porta.)
Scarpia: Chi è là?
Spoletta (entrando tutto frettoloso e trafelato):
Eccellenza, l'Angelotti al nostro giungere s'uccise.
Scarpia: Ebben lo si appenda morto alle forche! E l'altro prigionier?
Spoletta:
Il cavalier Cavaradossi?
È tutto pronto, Eccellenza.
Tosca (fra sè):
Dio! m'assisti!
Scarpia (a Spoletta):
Aspetta.
(piano a Tosca)
Ebbene?

*ment), sparsam und doch wirkungsvoll. Nur in den kurzen
Gesprächspausen blitzen Motive auf, am deutlichsten das Ver-
folgungsmotiv (Nr. 2), dann das Scarpiamotiv (Nr. 1), wenn
auch zumeist in verlängerter Form, z. B. in der Akkordfolge
C-B-As-Ges (Fis)-E-D-C-B-As-Ges (Fis)-E: eine absteigende
Ganztonleiter, die über fast zwei Oktaven führt.*

(Tosca nickt bejahend und verbirgt, vor Scham weinend, den Kopf in den Sofakissen.)

(zu Spoletta): Höre ...
Tosca (Scarpia rasch unterbrechend):
Doch soll er auf der Stelle befreit sein!
Scarpia (zu Tosca):
So einfach ist das nicht.
Wir müssen Aufsehn vermeiden.
Die Öffentlichkeit muß glauben,
man habe ihn gehängt.
(zeigt auf Spoletta)
Dies ist ein zuverlässiger Mann.
Tosca: Ist das auch sicher?
Scarpia: Selbst könnt Ihr hören, was ich ihm befehle.
(wendet sich an Spoletta)
Spoletta, schließe!
(Spoletta schließt eilig die Tür und kommt dann dicht zu Scarpia. Scarpia blickt Spoletta bedeutungsvoll an, der wiederholt nickt, zum Zeichen, daß er Scarpias Gedankengang verstanden hat.)
Der Befehl ist geändert.
Cavaradossi wird erschossen.
Paß auf jetzt: wie wir es machten
beim Grafen Palmieri ...
Spoletta: Eine Erschießung ...
Scarpia (unterbricht mit besonderer Betonung):
... nur zum Scheine!

(Tosca accenna di sì col capo, poi, piangendo dalla vergogna, affonda la testa fra i cuscini del canapè.)

(a Spoletta): Odi ...
Tosca (interrompendo subito Scarpia):
Ma libero all'istante
lo voglio!
Scarpia (a Tosca):
Occorre simular. Non posso
far grazia aperta. Bisogna che tutti
abbian per morto il cavalier.

(Accenna a Spoletta.)
Quest'uomo fido provvederà.

Tosca: Chi m'assicura?
Scarpia: L'ordin ch'io gli darò voi
qui presente.
(volgendosi a Spoletta)
Spoletta, chiudi.
(Spoletta frettolosamente va a chiudere, poi ritorna presso Scarpia. Scarpia fissa con intenzione Spoletta che accena replicatamente col capo di indovinare il pensiero di Scarpia.)

Ho mutato d'avviso.
Il prigionier sia fucilato
Attendi
Come facemmo del conte Palmieri ...
Spoletta: Un'uccisione ...
Scarpia (subito con marcata intenzione):
... simulata!

143

Während Scarpia schreibt, intoniert das Orchester einen sehr leisen, feierlichen Marsch, der voll Schmerz und Trauer ist (Nr. 38). Das Notenbild wird ein wenig später gebracht, wenn er beherrschend zu Scarpias Trauermarsch wird. Hier klingt die

Ganz genau wie bei
Palmieri! Hast du verstanden?
Spoletta: Ich hab' verstanden.
Scarpia: Geh!
*Tosca (die begierig zugehört hat,
    tritt dazwischen):*
Doch will ich selbst es ihm
sagen.
Scarpia: Ja, gut!
(zu Spoletta, auf Tosca weisend)
Sie darf passieren.
(mit besonderer Betonung)
Merk dir: um vier Uhr mor-
gens...
Spoletta (betont bestätigend):
Ja. Wie bei Palmieri...
             (ab)
*(Scarpia bleibt aufgerichtet bei
der Tür stehen, lauscht, wie Spo-
letta sich entfernt, dann verändert
er Gesichtsausdruck und Haltung
und nähert sich Tosca voller Lei-
denschaft.)*
Scarpia: Ich hielt dir mein Ver-
sprechen...
Tosca (hält ihn zurück):
Etwas fehlt noch. Ich will einen Passierschein,
um aus dem Kirchenstaat mit
ihm zu fliehn.
Scarpia (galant):
Ihr wollt das Land verlassen?
Tosca (mit überzeugtem Ton):
Ja, für immer!
Scarpia: Ihr sollt den Brief gleich
haben.
*(Er geht zum Schreibpult und
schreibt, setzt ab und fragt Tosca)*

Welche Straße nehmt Ihr?

Come avvenne del Palmieri!
Hai ben compreso?
Spoletta: Ho ben compreso.
Scarpia: Va!
*Tosca (che ha ascoltato avida-
    mente, interviene):*
Voglio avvertirlo io stessa.

Scarpia: E sia.
   (a Spoletta, indicando Tosca)
Le darai passo.
   (marcando intenzionalmente)
Bada: all'ora quarta.

Spoletta (con intenzione):
Sì. Come Palmieri...
          (Esce.)
*(Scarpia, ritto presso la porta, as-
colta Spoletta allontanarsi, poi
trasformato nel viso e nei gesti si
avvicina con grande passione a
Tosca.)*

Scarpia: Io tenni la promessa...

Tosca (arrestandolo):
Non ancora.
Voglio un salvacondotto onde
fuggir
dallo Stato con lui.
Scarpia (con galanteria):
Partir dunque volete?
Tosca (con accento convinto):
Sì, per sempre!
Scarpia: Si adempia il voler
vostro.
*(Va allo scrittoio: si mette a scrive-
re, interrompendosi per doman-
dare a Tosca)*
E qual via scegliete?

eindrucksvolle Melodie noch wie eine Vorahnung, deren ganze Bedeutung niemand ahnen kann.

Jetzt begleiten heftigste, erregteste Klänge die erwartete, aber doch immer wieder theaterwirksame Tat Toscas. Mit dem zu Ende gehenden Leben Scarpias wird auch das Orchester immer matter, bis es schließlich ebenfalls ganz erstirbt.

Tosca: Die kürzeste!
Scarpia: Civitavecchia?
Tosca: Ja.
(Während Scarpia schreibt, hat sich Tosca dem Tisch genähert; mit bebender Hand ergreift sie das von Scarpia gefüllte Weinglas, aber während sie es an die Lippen führt, bemerkt sie auf dem Tisch ein dolchartiges Messer; mit einem raschen Blick zu Scarpia, der gerade mit Schreiben beschäftigt ist, und mit aller erdenklichen Vorsicht sucht sie sich das Messer anzueignen. Während sie sich auf den Tisch stützt und dabei Scarpia nicht aus den Augen läßt, versteckt sie es hinter ihrem Rücken. Scarpia hat den Passierschein ausgefertigt, siegelt ihn und faltet das Blatt zusammen. Dann nähert er sich Tosca und will sie an sich ziehen.)
Scarpia: Tosca, du bist endlich mein!
(Sein gieriger Ausdruck geht in einen furchtbaren Schrei über; Tosca hat ihm das Messer in die Brust gestoßen.)
(schreiend)
Du Verfluchte!!
Tosca (schreiend):
Diesen Kuß nimm von Tosca!
Scarpia (mit gebrochener Stimme):
Ich sterbe! Hilfe!
(Taumelnd will er sich an Tosca anklammern, die schaudernd zurückweicht.)
Ich sterbe! Hilfe!

Tosca: La più breve!
Scarpia: Civitavecchia?
Tosca: Sì.
(Mentre Scarpia scrive, Tosca si è avvicinata alla tavola e colla mano tremante prende il bicchiere di vino versato da Scarpia, ma nel portare il bicchiere alle labbra, scorge sulla tavola un coltello affilato ed a punta; dà una rapida occhiata a Scarpia – che in quel momento è occupato a scrivere – e con infinite precauzioni cerca d'impossessarsi del coltello, che poi dissimula dietro di sè, appoggiandosi alla tavola e sempre sorvegliando Scarpia. Questi ha finito di scrivere il salvacondotto, vi mette il sigillo, ripiega il foglio; quindi aprendo le braccia si avvicina a Tosca per avvincerla a sè.)

Scarpia: Tosca, finalmente mia!

(Ma l'accento voluttuoso si cambia in un grido terribile. Tosca lo ha colpito in pieno petto.)

(gridando)
Maledetta!!
Tosca (gridando):
Questo è il bacio di Tosca!
Scarpia (con voce strozzata):

Aiuto! muoio!
(Scarpia, barcollando, cerca d'aggrapparsi a Tosca che indietreggia terrorizzata.)
Soccorso muoio

Zu den in tiefster Lage fast gesprochenen, tonlosen Worten der Verzeihung setzt das Orchester zu einem grandiosen (vorher nur pianissimo [sogar ppp] angedeuteten) Trauermarsch ein:

(Fortsetzung des Notenbeispiels S. 150)

Tosca (haßerfüllt zu Scarpia):
Erstickst du im Blute?
Scarpia (erstickt):
Zu Hilfe!
(Er schlägt hilflos um sich und sucht sich am Sofa aufzurichten.)

Ich sterbe! Hilfe! Hilfe!
Tosca: Ah! Ein Weib hat ihn getötet!
Scarpia: Zu Hilfe!
Tosca: Welche Qual mußt' ich leiden!
Scarpia (schwächer werdend):
Ich sterbe! Hilfe!
(Nach einer letzten Anstrengung fällt er auf den Rücken.)
Tosca: Kannst du noch hören?
Rede! Schau auf mich,
auf Tosca, o Scarpia!!
Scarpia (erstickt):
Zu Hilfe! Zu Hilfe!
Tosca: Erstickst du im Blute?
Scarpia (röchelnd): Hilfe!
Tosca (neigt sich über sein Gesicht):
Stirb in Verdammnis! Stirb doch!
Stirb doch! Stirb doch!
Scarpia (tonlos): Ah! . . .
(stirbt)
Tosca: Zu Ende!
Ich will verzeihen!
(Ohne den Blick von Scarpias Leiche zu wenden, geht sie zum Tisch, nimmt eine Wasserkaraffe, befeuchtet eine Serviette und wäscht sich die Finger; dann tritt sie zum Spiegel und ordnet ihr Haar. Sie erinnert sich des Pas-

Tosca (con odio a Scarpia):
Ti soffoca il sangue?
Scarpia (soffocato):
Soccorso!
(Si dibatte inutilmente e cerca di rialzarsi aggrappandosi al canapè)
Aiuto! Muoio, muoio!
Tosca: Ah! E ucciso da una donna . . .
Scarpia: Aiuto!
Tosca: M'hai assai torturata!

Scarpia (affievolendosi):
Soccorso! Muoio!
(fa un ultimo sforzo, poi cade riverso.)
Tosca: Odi tu ancora? Parla! . . .
Guardami!
Son Tosca, o Scarpia!!
Scarpia (soffocato):
Soccorso, aiuto!
Tosca: Ti soffoca il sangue?
Scarpia (rantolando): Muoio!
Tosca (piegandosi sul viso di Scarpia):
Muori dannato! muori, muori, muori!

Scarpia (senza voce): Ah!
(rimane rigido)
Tosca: È morto!
Or gli perdono!
(Senza togliere lo sguardo dal cadavere di Scarpia, va al tavolo, prende una bottiglia d'acqua e inzuppando un tovagliolo si lava le dita, poi si ravvia i capelli guardandosi allo specchio. Si sovviene del salvacondotto, lo cerca sullo

(38)

*Während diese feierlichen Klänge in großer Expansion durch
den Raum ziehen, verrichtet Tosca die ihr von Sardou, Illica und
Giacosa vorgezeichnete szenische, ein wenig theatralische Handlung, an deren Ende ihre fast geflüsterten Worte stehen:*

(39)

sierscheins, sucht ihn auf dem Schreibtisch, ohne ihn zu finden; endlich sieht sie ihn in Scarpias verkrampfter Hand. Sie hebt Scarpias Arm in die Höhe und läßt ihn wieder fallen, nachdem sie den Passierschein an sich genommen hat, den sie in ihrem Busen verbirgt.)

scrittoio, ma non lo trova; lo cerca ancora, finalmente vede il salvacondotto nella mano raggrinzata di Scarpia. Solleva il braccio di Scarpia, che poi lascia cadere inerte, dopo aver tolto il salvacondotto, che nasconde in petto.)

Das ganze Rom ließ dieser Mensch erzittern!

(Sie will fortgehn, zögert aber wieder, nimmt die beiden Leuchter von dem kleinen Tisch links und entzündet deren Kerzen an dem großen Kerzenträger auf dem Tisch; dann löscht sie die übrigen Kerzen aus. Eine Kerze stellt sie zur Rechten von Scarpias Kopf, die andere zur Linken. Sie blickt suchend umher, entdeckt

E avanti a lui tremava tutta Roma!

(Si avvia per uscire, ma si pente, va a prendere le due candele che sono sulla mensola a sinistra e le accende al candelabro sulla tavola spegnendo poi questo. Colloca una candela accesa a destra della testa di Scarpia, mette l'altra candela a sinistra. Cerca di nuovo intorno e vedendo un crocifisso va a staccarlo dalla parete e portan-

151

*Dann Scarpias Motiv, mehrmals, leise und mit lang ausgehalte-
nen, verhallenden Klängen. Leise geht der nervenzerrüttende,
aber großartige Akt zu Ende.*

ein Kruzifix, nimmt es von der Wand, trägt es andächtig herbei und kniet nieder, um es auf die Brust des Toten zu legen.)
(Sie erhebt sich mit großer Vorsicht, geht und schließt die Tür hinter sich.)

dolo religiosamente si inginocchia per posarlo sul petto di Scarpia.)

(Si alza e con grande precauzione esce, richiudendo dietro a sè la porta.)

Mit einem Hornruf beginnt der dritte Akt; das Motiv wird später in einem liebevollen Gesang – dem letzten Duett Toscas und Cavaradossis – seine tiefe Bedeutung enthüllen. Nun klingt es wie ein Tagruf, der die Schatten der Nacht vertreiben will, der furchtbaren Nacht, in der die Liebenden mehr gelitten haben, als Menschenherzen jemals zugemutet werden dürfte:

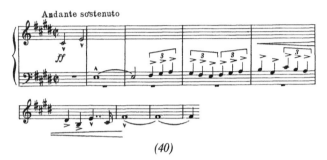

(40)

Lang breitet sich dieses Hornmotiv aus und verklingt schließlich im Pianissimo mit einem zarten Einsatz der tiefen Streicher. Der Vorhang öffnet sich.

Ein überaus zärtliches Motiv setzt ein, aber es wirkt, als käme es aus weiter Ferne, ja aus einer anderen Welt: aus höchsten Höhen schweben die Klänge von Geigen, Flöten und Harfen wie aus einem Traum herab. Es ist wie das tongewordene Glitzern der letzten Sterne, die bald dem Morgen weichen werden:

(41)

Die Stimmung wird ruhig und voll Zauber ausgedehnt, als wolle sie kein Ende nehmen, als könne es unter diesem unbeweglichen

154

DRITTER AKT	ATTO TERZO
Auf der Plattform der Engelsburg	*La piattaforma di Castel Sant' Angelo*
Links eine Kasematte; darin steht ein Tisch, auf dem sich eine Lampe, ein dickes Protokoll und Schreibmaterialien befinden; eine Bank, ein Stuhl. An der einen Wand der Kasematte ein Kruzifix, vor dem eine Lampe hängt. Rechts die Öffnung für eine kleine Treppe, über die man auf die Plattform gelangt. Im Hintergrund der Vatikan und der Petersdom.	*A sinistra, una casamatta; vi è collocata una tavola, sulla quale stanno una lampada, un grosso registro e l'occorrente per scrivere; una panca, una sedia. Su di una parete della casamatta un crocifisso, davanti a questo è appesa una lampada. A destra, l'apertura di una piccola scala per la quale si ascende alla piattaforma. Nel fondo, il Vaticano e San Pietro.*
Nacht – Klarer Himmel, die Sterne funkeln.	*Notte – Cielo sereno, scintillante di stelle.*
(Man hört in der Ferne Herdenglocken, die nach und nach immer schwächer werden.)	*(Si odono, lontane, le campanelle d'un armento; di mano in mano vanno sempre più affievolendosi.)*

Sternenzelt keine menschliche Unrast geben. Musikalisch steht Puccini hier dem Impressionismus Debussys recht nahe.
Dann über Herdenglocken hinweg, irgendwo in der Nacht, die Stimme eines jugendlichen Hirten: sowohl seine Sprache wie seine Melodie sind römisch –, hier hat Puccini sich sehr stark an der Folklore der »Ewigen Stadt« inspiriert:

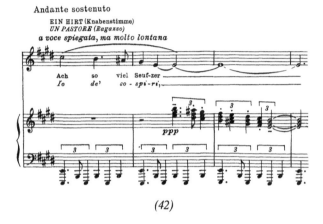

(42)

Unendlicher Frieden liegt über dieser Morgenstimmung. Mild huschen erste Tageslichter über den dunklen Himmel. Zu dem Glockenmotiv im Orchester (Nr. 42) gesellt sich nun das Geläute verschiedener Kirchen, nah und fern. Der traumhafte Zauber der letzten Nachtstunde hält noch an und geht nur unmerklich in die wachsende Dämmerung über.
Langsam erwacht Bewegung auf der Plattform des Kastells Sant'Angelo, der gefürchteten Engelsburg, deren Umrisse erst jetzt aus dem Dunkel hervorzutreten beginnen. Im Orchester klingt eine sehnsüchtige Melodie auf, die jeder Opernliebhaber kennt: bald wird sie Cavaradossis schmerzlichen Abschied ans Leben begleiten:

(Notenbeispiel S. 158)

Ein Hirt (Knabenstimme): Ach
so viel Seufzer
sind Qualen meinem Herzen,

*(Die Glocken klingen von weit
her in unregelmäßiger Dichte)*
wollen nicht weichen,
erfüllen mich mit Schmerzen.
*(Das Geläut der Herdenglocken
verliert sich in der Ferne.)*

Daß du verachtest meine
Liebe,
macht mich untröstlich, gibt
mir den Tod!
*(Ein unbestimmtes graues Däm-
merlicht kündigt den Tag an.)*
(Die Morgenglocken läuten.)

*(Ein Schließer mit einer Laterne
steigt die Treppe herauf, geht zur
Kasematte und entzündet zuerst
das Licht vor dem Kruzifix, dann
die Lampe auf dem Tisch. Dann
geht er zum Hintergrund der*

Un pastore (Ragazzo):[1] *(a voce
spiegata, ma molto lontano):*
Io de' sospiri
te ne rimanno tanti
*(Campanelle più lontane, a oscil-
lazioni distaccate, disuguali.)*
pe' quante foje
ne smoveno li venti.
*(Le oscillazioni delle campanelle
dell'armento si estinguono in lon-
tananza.)*
Tu mme disprezzi,
io me ciaccoro;
lampena d'oro,
me fai morir!
*(La luce incerta e grigia che prece-
de l'alba.)*
*(Le campane suonano mattu-
tino.)*
*(Un Carceriere con una lanterna
sale dalla scala, va alla casamatta
e vi accende la lampada sospesa
davanti al crocifisso, poi quella
sulla tavola. Poi va in fondo alla
piattaforma e guarda giù nel corti-*

---

[1] Dieses Lied des Hirten ist nicht in der italienischen Hochsprache verfaßt, wie der übrige
Text, sondern in römischem Dialekt.

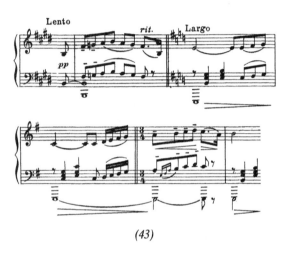

(43)

*Dann ein kurzes, fast tonloses Gespräch zwischen Cavaradossi
und dem Kerkermeister, das erst an Ausdruck gewinnt, als
Cavaradossi »einen geliebten Menschen« erwähnt, Tosca, aber
dann wieder in den Ton eines Rezitativs zurückfällt.*

Plattform und schaut in den Hof hinab, ob das Pickett Soldaten mit dem Verurteilten noch nicht zu sehen sei. Er trifft auf einen Wachsoldaten, der auf der Plattform patrouilliert, und wechselt einige Worte mit ihm. Dann geht er zur Kasematte zurück, setzt sich und wartet. Er ist müde.)

(Ein von einem Sergeanten geführtes Pickett steigt auf die Plattform, mit ihm Cavaradossi. Das Pickett macht halt. Der Sergeant führt Cavarodossi in die Kasematte. Sobald der Schließer den Sergeanten erblickt, steht er auf und salutiert. Der Sergeant übergibt dem Schließer ein Blatt. Dieser liest es, setzt sich an den Tisch, öffnet das Protokoll und fragt, während er schreibt.)

Schließer: Mario Cavaradossi?
(Cavaradossi nickt bejahend. Der Schließer gibt die Feder dem Sergeanten.)

Unterschreibt!

(Der Sergeant unterschreibt das Protokoll, dann steigt er, gefolgt von dem Pickett, die kleine Treppe hinunter.)

(zu Cavaradossi)
Noch eine Stunde. Wollt Ihr den Priester,
so laßt es bald mich wissen!

Cavaradossi: Nein. Um einen Gefallen
möchte ich bitten ...

Schließer: Wenn möglich ...

Cavaradossi:
Ich hab' auf Erden einen

le sottostante per vedere se giunge il picchetto dei soldati, col condannato. Si incontra con una sentinella che percorre tutt'all'intorno la piattaforma e scambiate colla stessa alcune parole, ritorna alla casamatta, siede ed aspetta mezzo assonnato.)

(Un picchetto, comandato da un Sergente di guardia, sale sulla piattaforma accompagnando Cavaradossi; il picchetto si arresta ed il Sergente conduce Cavaradossi nella casamatta. Alla vista del Sergente, il Carceriere s'alza salutandolo; il Sergente consegna un foglio al Carceriere; questi lo esamina, poi siede alla tavalo, apre il registro e vi scrive mentre interroga.)

Carceriere: Mario Cavaradossi?
(Cavaradossi china il capo, assentendo. Il Carceriere porge la penna al Sergente.)

A voi.

(Il Sergente firma il registro, poi scende dalla scaletta, seguito dal picchetto di soldati.)

(a Cavaradossi)
Vi resta un'ora ...
Un sacerdote i vostri cenni attende.

Cavaradossi: No. Ma un'ultima grazia
io vi richiedo ...

Carceriere: Se posso ...

Cavaradossi:
Io lascio al mondo

Leise, wie aus ferner Erinnerung, setzt das Orchester mit dem Motiv des Liebesduetts aus dem ersten Akt (Nr. 17) ein, während Cavaradossi in Gedanken versunken den Abschied vom Leben in Worte zu fassen sucht. Dann führt eine Soloklarinette das Sehnsuchtsthema ein (Nr. 43), das kurz zuvor bei Cavaradossis Erscheinen auf der Plattform vom Orchester mit ergreifendem Ausdruck gespielt wurde. Nun wird es zur Grundlage der berühmten Arie, die Puccini selbst entwarf und gegen den philosophischeren Textvorschlag seiner Librettisten in heftigem Kampf durchsetzte:

Andante lento, appassionato molto

(Fortsetzung des Notenbeispiels S. 162)

160

geliebten Menschen.
Gerne schrieb ich noch an sie
ein paar Worte.
(zieht einen Ring vom Finger)
Mir ist geblieben von meinem
Reichtum
nur dieser Ring ...
Wenn Ihr versprecht, ihr zu
überbringen
meine innigsten Grüße, ist er
Euer ...
Schließer (zögert erst ein wenig,
dann nimmt er ihn und bedeu-
tet Cavaradossi, sich an den
Tisch zu setzen):
So schreibet!
(setzt sich auf die Bank)
(Cavaradossi verharrt eine Weile
in Gedanken, dann beginnt er zu
schreiben. Nachdem er einige
Zeilen geschrieben hat, legt er die
Feder hin, von Erinnerungen
überwältigt.)

una persona cara. Consentite
ch'io le scriva un sol motto.

(togliendosi dal dito un anello)
Unico resto
di mia ricchezza è questo
anel ... Se promettete
di consegnarle il mio
ultimo addio,
esso è vostro ...

Carceriere (tituba un poco, poi
accetta e fa cenno a Cavarados-
si di sedere alla tavola):

Scrivete.
(va a sedere sulla panca)
(Cavaradossi rimane alquanto
pensieroso, quindi si mette a scri-
vere. Dopo tracciate alcune linee è
invaso dalle rimembranze e si ar-
resta dallo scrivere.)

Cavaradossi (in Gedanken ver-
loren):
Und es blitzten die Sterne ...

Cavaradossi (pensando):

E lucevan le stelle ... e olez-
zava

(44)

Die Arie gipfelt im großen Ausbruch der Stimme und ihrem jähen Absinken in Schluchzen (das von den Tenören, je nach Temperament und Auffassung des Dirigenten, mehr oder weniger ausgeprägt als Abschluß des erschütternden Tonstücks angebracht wird):

(Fortsetzung des Notenbeispiels S. 164)

162

und es dampfte die Erde,
die Tür des Gartens
knarrte...
Es nahten sich heimliche
Schritte...
Sie kam wie Duft von
Blumen...
Und sie lag mir im Arme...
O süße Küsse, Zärtlichkeit
und Kosen,
wenn ich im Taumel
der schönen Reize Schleier dir
dann löste!
Für immer ist der Liebe Traum
verflogen...
Vorbei ist alles,
ich sterbe in Verzweiflung!

la terra, stridea l'uscio
dell'orto... e un passo sfiora-
va la rena.
Entrava ella, fragrante,
mi cadea fra le braccia.

Oh! dolci baci, o languide carezze,
mentr'io fremente
le belle forme disciogliea dai
veli!
Svanì per sempre il sogno mio
d'amore...
L'ora è fuggita
e muoio disperato!

Noch niemals hab' ich so ge-
liebt das Leben...
*(Er bricht in Tränen aus und be-
deckt sein Gesicht mit den
Händen.)*

E non ho amato mai tanto la
vita!...
*(Scoppia in pianto coprendosi il
volto colle mani.)*

(45)

Dann (nachdem der Applaus sich gelegt hat, der nicht selten zu der – eigentlich absurden, aber menschlich so verständlichen – Wiederholung dieses Abschieds vom Leben führt: Oper...) das leise Liebesthema Nr. 17, das bis zum großen Höhepunkt im Orchester beim Auftauchen Toscas gesteigert wird. Interessanterweise hier keine Ausrufe, kein »Mario!«, nicht »Tosca!«, wie sonst üblich: beide stürzen einander stumm und vor Erregung überwältigt in die Arme.

In fliegender Hast lesen sie den Salvokondukt, Cavaradossi traut seinen Augen kaum. Scarpia sollte Gnade geübt haben? (Hier

(Die Treppe herauf kommt Spoletta, begleitet von dem Sergeanten und gefolgt von Tosca. Der Sergeant trägt eine Laterne. Spoletta zeigt Tosca, wo sie Cavaradossi finden werde, dann ruft er den Schließer zu sich. Mit ihm und dem Sergeanten steigt er wieder hinab, nicht ohne einer Wache, im Hintergrund der Plattform, den Befehl gegeben zu haben, den Gefangenen gut im Auge zu behalten.)

(Tosca, die solange tieferregt zurückblieb, sieht Cavaradossi weinen. Sie eilt zu ihm. Da sie vor Aufregung nicht sprechen kann, hebt sie seinen Kopf hoch und zeigt ihm den Passierschein. Cavaradossi springt, als er Tosca sieht, überrascht auf, dann liest er das Blatt.)

Cavaradossi: Ha!
   »Geleit für Floria Tosca . . .«

Tosca und Cavaradossi:
   ». . . und für den Herrn,
   welcher sie begleitet.«

(Dalla scala viene Spoletta, accompagnato dal Sergente e seguito da Tosca; il Sergente porta una lanterna. Spoletta accenna a Tosca ove trovasi Cavaradossi, poi chiama a sè il Carceriere: con questi e col Sergente ridiscende, non senza avere prima dato ad una sentinella, che sta in fondo, l'ordine di sorvegliare il prigioniero.)

(Tosca, che in questo frattempo è rimasta agitatissima, vede Cavaradossi che piange; si slancia presso a lui, e non potendo parlare per la grande emozione, gli solleva colle due mani la testa, presentandogli in pari tempo il salvacondotto. Cavaradossi, alla vista di Tosca, balza in piedi sorpreso, poi legge il foglio che gli presenta Tosca.)

Cavaradossi: Ah! –
   »Franchigia a Floria
   Tosca . . .«

Tosca e Cavaradossi:
   ». . . e al cavaliere
   che l'accompagna.«

erklingen Scarpias Akkorde, aber nicht mehr gebieterisch wie stets zuvor, und der letzte der drei Akkorde ist nun kein E-Dur mehr, sondern ein e-Moll: deutlicher kann sein Ende, (von dem Cavaradossi noch nichts weiß), musikalisch nicht angedeutet werden.

Tosca schildert in größter Erregung die Ereignisse der vergangenen Nacht, ihren Kampf mit dem Tyrannen, ihre Qualen; das Orchester erinnert an Motive jener furchtbaren Stunden.

Tosca (mit Begeisterung):
Ja, frei bist du!
*Cavaradossi (betrachtet das Blatt
und liest die Unterschrift):*
Scarpia! . . .
Scarpia befreit mich?
(blickt Tosca fragend an)

Das wär' seine erste
Gnade . . .
*Tosca (nimmt den Passierschein
wieder an sich und steckt ihn in
die Tasche):*
Die letzte war's!
Cavaradossi: Was sagst du?
Tosca (losbrechend):
Für dein Leben verlangte er
mich . . .
Umsonst war mein Flehn und
Weinen.
Umsonst, wie ich auch bat,
bei der Madonna,
bei Gott und den Heilgen . . .
Wütend schrie der
Verbrecher:
»Hoch zum Himmel hebt der
Galgen
schon seine Arme!«
Schon hörte man die
Trommeln.
Da lachte dieser Teufel . . .
Er lachte . . .
sich seiner Beute mehr als
gewiß!
»Bist mein du?«
Ja! Und ich versprach, ihm zu
gehören.
Auf einmal fiel mein Blick auf
ein Messer . . .

Tosca (con entusiasmo):
Sei libero! . . .
*Cavaradossi (guarda il foglio e ne
legge la firma):*
Scarpia! . . .
Scarpia che cede?
*(guardando Tosca con inten-
zione)*
La prima sua grazia è
questa . . .
*Tosca (riprende il salvacondotto e
lo ripone in una borsa):*

E l'ultima!
Cavaradossi: Che dici?
Tosca (scattando):
Il tuo sangue o il mio amore
volea . . . Fur vani scongiuri e
pianti.
Invan, pazza d'orror,
alla Madonna mi volsi e ai
Santi . . .
L'empio mostro
dicea: »Già
nei cieli il patibol le braccia
leva!«
Rullavano i tamburi . . .
Rideva, l'empio mostro . . .
rideva . . .
già la sua preda pronto a
ghermir!
»Sei mia?« – Sì. – Alla sua
brama
mi promisi. Li presso
luccicava una lama

*Der schreckensreichen Erzählung Toscas setzt Cavaradossi
seine überaus zärtliche Phrase entgegen, die auch dichterisch
sehr gut gelungen ist:*

(46)

*Tosca reißt sich in die Wirklichkeit zurück: Die Entscheidung
naht, sie hat alles vorbereitet, um mit dem Geliebten nach der
»Scheinerschießung« fliehen zu können:*

(Notenbeispiel S. 170)

168

Er schrieb das Blatt hier, das
uns befreit!
Dann wollt er mich umarmen,
doch mit dem Messer traf ich
ihn ins Herz.
Cavaradossi: Du?
Du hast selbst ihn getötet!
Du Fromme, du Gute!
Und für mich?
Tosca: Ja, ganz befleckt sind mit
Blut meine Hände!
Cavaradossi (nimmt ihre Hände
liebevoll in die seinen):

Die süßen Hände, ach ihr weißen kleinen,
geschaffen einzig nur zu dienen dem Schönen,
ihr solltet Kinder streicheln,
Rosen brechen und flehn um
Hilfe
in Unglückstagen.
Nun habt ihr unser Schicksal
so gewendet!
Gerecht gabt ihr den Tod dem
schlimmen Tyrannen!
Ihr gabt den Tod ihm,
ihr tapferen, zarten ... Ihr
süßen Hände,
ach, ihr weißen kleinen! ...

Ei scrisse il foglio liberator,
venne all'orrendo am-
plesso ...
Io quella lama gli piantai nel
cor!
Cavaradossi: Tu? ...
di tua man l'uccidesti!
Tu pia, tu benigna, e per me!

Tosca: N'ebbi le man
tutte lorde di sangue!
Cavaradossi (prendendo amoro-
samente fra le sue le mani di
Tosca):
O dolci mani mansuete e pure,
o mani elette a bell'opre e pie-
tose,
a carezzar fanciulli, a coglier
rose,
a pregar, giunte per le sven-
ture,
dunque in voi, fatte dall'amor
secure,
giustizia le sue sacre armi de-
pose?
Voi deste morte, o man vitto-
riose,
o dolci mani mansuete e
pure! ...

(47)

Sie instruiert ihn genau, was er tun müsse; bei den Gedanken an die bevorstehende Befreiung, an die seligen Stunden, die dann für immer vor ihnen liegen, entwickelt sich ein inniges Liebesduett, das von Puccini in ganz lichte, träumerische (wiederum fast impressionistische) Klänge gehüllt ist:

(48)

170

Tosca (löst ihre Hände aus den seinen):

Höre, bald naht die Stunde!
Ich habe bei mir
(zeigt auf ihre Tasche)
Gold und Juwelen,
ein Wagen wartet unten...
Doch eh wir endlich ent-
fliehen,
wirst du zuvor noch er-
schossen,
zum Scheine!
Sie schießen blind auf dich,
täuschen vor die Bestrafung.
Beim Schusse fällst du.
Die Soldaten verschwinden,
dann winkt die Freiheit, wir
sind gerettet!
Erst nach Civitavecchia,
und dann zu Schiffe aufs weite
Meer!

Cavaradossi: Frei sind wir!
Tosca: Frei sind wir!

Tosca (svincolando le mani):

Senti, l'ora è vicina; io già
raccolsi
(mostrando la borsa)
oro e gioielli... una vettura è
pronta...
Ma prima ridi, amor prima
sarai
fucilato per finta
ad armi scariche...
Simulato supplizio. Al colpo... cadi.
I soldati sen vanno... e noi
siam salvi!
Poscia a Civitavecchia... una
tartana...
e via pel mar!...

Cavaradossi: Liberi!
Tosca: Liberi!

(Um diese letzte lyrische Oase des Werkes entbrannte ein heftiger Konflikt zwischen Puccini und seinem Verleger – siehe Kapitel »Geschichte« –, der nicht nur beanstandete, daß diese Musik vom Komponisten schon in seiner viel früheren Oper »Edgar« verwendet wurde, wo sie allerdings vor der Aufführung weggestrichen worden war, sondern auch von Ungeeignetheit an dieser Stelle sprach.)
Nach Toscas freundlicher Zukunftsvision erhält auch Cavaradossi eine neue liebeerfüllte Melodie:

Sie wird später von Tosca kurz übernommen: ein ungetrübter Zauber liegt über diesem letzten innigen Gesang der Liebenden, die düstere Engelsburg, die letzte Nacht der Foltern und grausamen Bedrängnis sind vergessen, blau und wolkenlos breitet sich der Himmel...

Cavaradossi: Fort aufs Meer!
Tosca: Und vorbei ist alle Qual!
    Duftet es nicht nach Rosen?
    Ist es nicht, als ob alle Dinge
    trunken nur auf die Sonne
    warten?

Cavaradossi: Via pel mar!
Tosca: Chi si duole
    in terra più? Senti effluvi di
    rose? . . .
    Non ti par che le cose
    aspettan tutte innamorate il
    sole? . . .

Cavaradossi (mit zartester Bewe-
    gung):
    Nur deinetwegen wollte ich
    nicht sterben,
    um dich allein nur lohnte sich
    das Leben,
    nur du hast Glück und Inhalt
    ihm gegeben,
    du warst die Sonne meines
    ganzen Lebens.
    Ich seh' den Himmel strahlend
    sich erhellen,
    in deinen Augen leuchtet neu-
    es Hoffen!
    Ja, ohne dich wär' mein Leben
    verloren,
    mit dir, ja, mit dir kann ich nur
    leben.

Cavaradossi (colla più tenera
    commozione):
    Amaro sol per te m'era il mo-
    rire,
    da te la vita prende ogni splen-
    dore;
    all'esser mio la gioia ed il de-
    sire
    nascon di te, come di fiamma
    ardore.
    Io folgorare i cieli e scolorire
    vedrò nell'occhio tuo rivela-
    tore,
    e la beltà delle cose più mire
    avrà sol da te voce e colore.

Tosca:
    Der Gott, der heut das Leben
    neu dir schenkte,
    führe uns weiter über Länder
    und Meere,
    zeige uns bald dies Leben in
    schönerm Glanze,
    auf daß wir eine neue Heimat
    finden,

Tosca:
    Amor che seppe a te vita ser-
    bare
    ci sarà guida in terra, in mar
    nocchier . . .
    e vago farà il mondo riguar-
    dare.
    Finchè congiunti alle celesti
    sfere

weit von hier,
weit weg von allen Qualen!
(wie in einer Vision)

Die Zukunft leuchtet heller
uns entgegen...
*(Sie verharren in bewegtem
Schweigen. In die Wirklichkeit
zurückgerufen, sieht sich Tosca
unruhig um.)*
Und sie kommen nicht...
*(zu Cavaradossi, eindringlich
und zärtlich)*
Merk dir: Vergiß nicht, gleich
nach dem
Schusse zu wanken und zu
fallen!
Cavaradossi (melancholisch):
Keine Sorge!
Ja, ich falle genau so,
als ob ich tot sei.
Tosca (eindringlich):
Und gib nur acht,
daß du dir auch nicht weh tust!
Ja, wir vom Theater können so
etwas besser!
*Cavaradossi (unterbricht sie, in-
dem er sie an sich zieht):*
Komm und erzähl noch einmal
von der Zukunft!
Ich hör' zu gerne deine süße
Stimme!
*Tosca (immer inniger und ekstati-
scher):*

Gemeinsam werden wir die
Liebe besingen
und in allen Farben sie bejubeln und feiern,
liebend vereint...

dileguerem, siccome alte sul
mare
*(fissando, cantando, come in
una visione)*
a sol cadente, nuvole leg-
gere...
*(Rimangono commossi, silenzio-
si. Chiamata dalla realtà delle
cose, Tosca si guarda attorno in-
quita.)*
E non giungono...
*(a Cavaradossi, con premurosa
tenerezza)*
Bada!...
al colpo egli è mestiere
che tu subito cada.

Cavaradossi (triste):
Non temere
che cadrò sul momento, e al
naturale.
Tosca (insistendo):
Ma stammi attento, di non
farti male!
Con scenica scienza
io saprei la movenza...
*Cavaradossi (la interrompe...
'attirandola a sè):*
Parlami ancor come dianzi
parlavi,
è così dolce il suon della tua
voce!
*Tosca (si abbandona quasi esta-
siata, poi accalorandosi poco a
poco):*
Uniti ed esulanti diffonderem
pel mondo i nostri amori,
armonie di colori,
armonie di canti diffon-
derem...

Nach einem vom Orchester nur begleitend gestützten Zwischen-stück reißt wachsende Begeisterung sie mit und gipfelt in einer wahren Hymne: die beiden Stimmen erheben sich, von der Erdenschwere des Orchesters befreit, ohne Instrumentalbeglei-tung unisono in die Lüfte. Warum kann die Oper nicht hier schließen! Es wäre eines der strahlendsten, glücklichsten Finales: der blutrünstige Tyrann tot, die Liebenden für immer vereint . . .

(50)

Doch die Wirklichkeit konnte nur für Traummomente vergessen werden: jetzt taucht das Erschießungskommando auf; letzte leise Ermahnungen Toscas, lächelnd, weil dieses alles ja nur »Spiel« ist, vorgetäuscht, und danach die Freiheit winkt:

(Notenbeispiel S. 178)

176

Cavaradossi (mit Begeisterung einfallend):
... sie bejubeln und feiern; liebend vereint ...
(Über die Treppe steigt eine Abteilung Soldaten herauf. Ein Offizier befehligt sie und läßt sie im Hintergrund sich formieren. Es folgen Spoletta, der Sergeant und der Schließer. Spoletta gibt die nötigen Weisungen.)

Tosca und Cavaradossi (mit großer Begeisterung):
Komm, o Tag!
Mit süßer Hoffnung tröste die Seele,
fülle das Herz mit neuem Schlag!
Die helle Sonne geht auf,
führt uns in ein Land, wo nur die Liebe wohnt.
(Der Himmel wird immer heller; es tagt.)

Tosca: Abends schließ ich dir dann
mit tausend Küssen die Augen und sag zärtlich dir: »Gut Nacht!«
(Es schlägt die vierte Morgenstunde. Der Schließer nähert sich Cavaradossi, zieht die Mütze und zeigt auf den Offizier.)

Schließer (zu Cavaradossi):
Zeit ist's!
(Dann nimmt er das Protokoll und steigt die Treppe hinab.)
Cavaradossi: Ich komme.

Cavaradossi (esaltandosi):

... armonie di canti diffonderem ...
(Dalla scaletta sale un drapello di soldati: lo comanda un Ufficiale, il quale schiera i soldati nel fondo; seguono Spoletta, il Sergente, il Carceriere. Spoletta dà le necessarie istruzioni.)

Tosca e Cavaradossi (con grande entusiasmo):
Trionfal
di nova speme
l'anima freme
in celestial
crescente ardor.
Ed in armonico vol
già l'anima va
all'estasi d'amor.
(Il cielo si fa più luminoso; è l'alba.)

Tosca: Gli occhi ti chiuderò con mille baci
e mille ti dirò nomi d'amor!

(Suonano le 4 del mattino. Il Carceriere si avvicina a Cavaradossi e togliendosi il berretto gli indica l'Ufficiale.)
Carceriere (a Cavaradossi):
L'ora!
(Poi, preso il registro dei condannati, scende per la scaletta.)
Cavaradossi: Son pronto.

(51)

*Die Soldaten führen Cavaradossi zur Wand, an der er erschossen
werden soll. Leise stimmt das Orchester das Motiv eines Trauer-
marsches an: Es verrät die Wahrheit, während Tosca und Cavaradossi an eine Komödie glauben:*

(52)

*Dann die tödlichen Vorbereitungen, das Orchester unterstreicht
die Spannung der Szene, die Tosca unendlich lang erscheint.*

178

Tosca (leise zu Cavaradossi mit heimlichem Lachen):
Und vergiß nicht, beim ersten Schusse: so...

Cavaradossi (leise, ebenfalls mit heimlichem Lachen): So...

Tosca: Und nicht früher steh auf, als bis ich rufe.

Cavaradossi: Nein, Geliebte...

Tosca: Und falle richtig.

Cavaradossi (lächelnd): Genau wie du auf der Bühne.

Tosca (da sie Cavaradossis Lächeln bemerkt):
Jetzt lache nicht...

Cavaradossi (ernst): So recht?

Tosca: So recht!

(Cavaradossi folgt dem Offizier, nachdem er Tosca noch einmal grüßend zugewinkt hat; diese geht nach links in die Kasematte und stellt sich so, daß sie alles sehen kann, was auf der Plattform vorgeht.)

(Tosca sieht, wie der Offizier und der Sergeant Cavaradossi an die gegenüberliegende Mauer führen. Der Sergeant will Cavaradossi die Augen verbinden, was dieser lächelnd abwehrt. All diese Vorbereitungen stellen Toscas Geduld auf die Probe.)

Tosca:
Dieses endlose Warten!
Warum zögern sie noch?
Schon kommt die Sonne...
(Es ist fast Tag.)

Tosca (sottovoce a Cavaradossi e ridendo di soppiatto):
Tieni a mente: al primo colpo, ... giù...

Cavaradossi (sottovoce, ridendo esso pure):
Giù.

Tosca: Nè rialzarti innanzi ch'io ti chiami.

Cavaradossi: No, amore!

Tosca: E cadi bene.

Cavaradossi (sorridendo): Come la Tosca in teatro.

Tosca (vedendo sorridere Cavaradossi):
Non ridere...

Cavaradossi (serio): Così?

Tosca: Così.

(Cavaradossi segue l'Ufficiale dopo aver salutato Tosca, la quale si colloca a sinistra nella casamatta, in modo però di poter spiare quanto succede sulla piattaforma.)

(Tosca vede l'Ufficiale ed il Sergente che conducono Cavaradossi presso al muro di faccia a lei; il Sergente vuol porre la benda agli occhi di Cavaradossi; questi sorridendo, rifiuta. Tali lugubri preparativi stancano la pazienza di Tosca.)

Tosca:
Come è lunga l'attesa!
Perchè indugiano ancor?
Già sorge il sole...
(È quasi giorno.)

Die Schüsse peitschen durch die Luft, und gleich darauf setzt mit höchster Kraft das Orchester ein: schneidend erklingt der Trauermarsch (Nr. 52) nun in voller tragischer Gewalt und Ausdehnung, bevor er mit den abziehenden Soldaten in der Ferne verklingt.

Dieses endlose Zögern?
Eine Komödie . . . ich weiß . . .
Doch dieses Warten hier ist
qualvoll . . .
*(Der Offizier und der Sergeant
stellen das Peloton auf und geben
die entsprechenden Befehle.)*
Endlich! Sie heben die Waf-
fen . . . Wie schön er ist, mein
Mario!
*(sieht, daß der Offizier den Säbel
senken will, und hält sich die Oh-
ren zu, um die Detonation nicht
zu hören. Dann winkt sie Mario
mit dem Kopfe, er möge fallen,
und sagt:)*
Nun! Stirb doch!
*(Der Offizier senkt den Säbel.
Gewehrsalve)*
*(sieht Cavaradossi am Boden lie-
gen und wirft ihm eine Kußhand
zu)*
Das ist ein Künstler!
*(Der Sergeant geht zu dem Gefal-
lenen und betrachtet ihn aufmerksam; Spoletta hat sich ebenfalls
genähert und hindert den Sergeanten, ihm den Gnadenschuß
zu geben. Der Offizier läßt die
Soldaten antreten, der Sergeant
zieht den Posten zurück, der im
Hintergrund steht; dann steigen
alle unter Spolettas Führung die
Treppe hinab. Tosca hat höchst
erregt alle diese Manöver über-
wacht, immer in der Furcht, daß
Cavaradossi in seiner Ungeduld
sich zu früh bewege oder
spreche.)*

Perchè indugiano ancora? . . .
è una commedia,
lo so . . . ma questa angoscia
eterna pare! . . .
*(L'Ufficiale ed il Sergente dispon-
gono il plotone dei soldati, impar-
tendo gli ordini relativi.)*
Ecco! . . . apprestano
l'armi . . .
Come è bello il mio Mario!
*(vedendo l'Ufficiale che sta per
abbassare la sciabola si porta le
mani agli orecchi per non udire la
detonazione. Poi fa cenno colla
testa a Cavaradossi di cadere, di-
cendo:)*
Là! muori!
*(L'Ufficiale abbassa la sciabola.
Scarica dei fucili.)*
*(vedendo Cavaradossi a terra gli
invia colle mani un bacio)*

Ecco un artista! . . .
*(Il Sergente si avvicina al caduto e
lo osserva attentamente: Spoletta
pure si è avvicinato ed allontana il
Sergente impedendogli di dare il
colpo di grazia. L'Ufficiale alli-
nea i soldati; il Sergente ritira la
sentinella che sta in fondo, poi
tutti, preceduti da Spoletta, scendono la scala. Tosca, agitatissima, ha sorvegliato tutti questi mo-
vimenti temendo che Cavaradossi, per impazienza, si muova o
parli prima del momento oppor-
tuno. Con voce repressa, quasi
parlato.)*

Dann bricht schnell und verworren das Ende herein. Ein dahin-jagendes Orchester untermalt Toscas Zusammenbruch, die auf-kommenden Stimmen aus der Tiefe, die näherdrängenden Ver-folger, den steigenden Lärm...

Mein Mario, beweg dich
nicht ... Sie gehen gleich ...
Ruhig! Langsam gehen sie ...
Warte nur!
*(Da sie fürchtet, die Soldaten
könnten noch einmal auf die
Plattform zurückkehren, spricht
sie von neuem auf Cavaradossi
ein.)*
Noch immer mußt du ruhig
sein ...
*(läuft zur Brüstung, lehnt sich
vorsichtig darüber und späht hinunter.) (Während sie sich Cavaradossi nähert)*
Komm, steh auf! Mario!
Mario! Beeil dich! Steh auf!

(rührt ihn voller Verwirrung an)
Auf! Auf!
    (zieht das Tuch weg)
Mario! Mario!
        (Aufschrei)
Ah!
(verzweifelt)
Tot! Tot! Mario! Gemordet!

(schluchzend)
Mario?
(wirft sich über Cavaradossi)

Du? Warum?
Welch furchtbarer Tod!
Welch tragischer Tod!
    (umarmt den Toten)

Du! Tot! Tot?!
*Spoletta, Sciarrone, einige Solda-
ten (von unten):*
Ah!

O Mario, non ti muovere ...
S'avviano ... taci! vanno ...
scendono.

*(Parendole che i soldati ritornino
sulla piattaforma, si rivolge di
nuovo a Cavaradossi.)*

Ancora non ti muovere ...

*(Corre al parapetto e cautamente
sporgendosi, osserva di sotto.)
(Mentre si avvicina a Cavara-
dossi.)*
Presto, su! Mario!
Mario! Su, presto!
Andiam! ...
    (toccandolo turbata)
Su, su!
    (scuoprendolo)
Mario! Mario!
        (grido)
Ah!
(con disperazione)
Morto! ... morto! ... mor-
to! ... O Mario ...
(fra sospiri e singhiozzi)
Morto? ...
*(gettandosi sul corpo di Cavara-
dossi)*
Tu? così? ... Finire
così? finire così?

*(abbracciando la salma di Cava-
radossi)*
Tu, morto ... morto?
*Spoletta, Sciarrone, alcuni Solda-
ti dal di sotto):*
Ah!

Der letzte Augenblick gehört Tosca. Bevor sie zum Sprung über die Mauer in den Abgrund ansetzt, macht sie Gott zum Richter ihrer Tat:

(Notenbeispiel S. 186)

(langgezogene Schreie aus der Ferne)

Sciarrone (schreiend): Sie haben ihn erstochen!

Tosca (weinend): Mario . . .

Spoletta, einige Soldaten (schreiend):
Scarpia?

Tosca: Ach, deine arme Floria!

Sciarrone: Scarpia!

Spoletta, einige Soldaten: Ah!

Spoletta: Es war die Tosca!

Tosca: Mario! Mario!

Sciarrone, einige Soldaten: Auf der Plattform!

(Verzweifelt weinend beugt sich Tosca über den Toten.)

Spoletta und Sciarrone (näher):
Bewacht jeden Zugang zu der Treppe!

Spoletta, Sciarrone, einige Soldaten (ganz nahe):
Bewacht jeden Zugang zu der Treppe!

(Man hört aus der Tiefe großen Lärm.)

(Spoletta und Sciarrone erscheinen über die Treppe.)

Sciarrone (zeigt auf Tosca und ruft Spoletta zu):
Sie ist's!

Spoletta: Ah! Tosca,
für das Leben Scarpias wirst du büßen . . .

(Spoletta will sich auf Tosca stürzen, aber sie springt auf und stößt ihn so heftig zurück, daß er beinahe hinfällt und in die Falltür der Treppe taumelt; dann schwingt sie

---

(grida prolungate, lontane)

Sciarrone (gridando):
Vi dico, pugnalato!

Tosca (piangendo): Mario . . .

Spoletta, alcuni Soldati (gridando):
Scarpia?

Tosca: Povera Floria tua!

Sciarrone: Scarpia!

Spoletta, alcuni Soldati: Ah!

Spoletta: La donna è Tosca!

Tosca: Mario! Mario!

Sciarrone, alcuni Soldati: Che non sfugga!

(Tosca si abbandona, piangendo disperatamente, sul corpo di Cavaradossi.)

Spoletta e Sciarrone (più vicino):
Attenti agli sbocchi delle scale . . .

Spoletta, Sciarrone, alcuni Soldati (vicinissimo):
Attenti agli sbocchi delle scale!

(si ode un gran rumore dal disotto)

(Spoletta e Sciarrone appaiono dalla scaletta.)

Sciarrone (additando Tosca a Spoletta, grida):
È lei!

Spoletta: Ah! Tosca, pagherai ben cara la sua vita . . .

(Spoletta fa per gettarsi su Tosca, ma essa balzando in piedi lo respinge così violentemente da farlo quasi cadere riverso nella botola

185

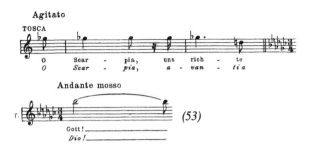

Mit Cavaradossis Abschiedsmelodie vom Leben (Nr. 43), grandios von einem entfesselten Orchester gespielt, endet das Drama.

sich auf die Mauerbrüstung und ruft):

della scala quindi corre al parapetto e dall'alto grida):

Tosca: Mit dem meinen!
O Scarpia, uns richte Gott!
(Sie stürzt sich in die Tiefe. Sciarrone und einige Soldaten, die wirr durcheinanderlaufen, blikken über die Brüstung nach unten. Spoletta bleibt starr vor Schrecken stehen.)

Tosca: Colla mia!
O Scarpia, avanti a Dio!...
(Si getta nel vuoto. Sciarrone ed alcuni soldati, saliti confusamente, corrono al parapetto e guardano giù. Spoletta rimane esterrefatto, allibito.)

ENDE

FINE

Inhaltserzählung

ERSTER AKT

Wenige wuchtige Orchesterschläge –, und der Vorhang geht auf. Man blickt in den weiten, von hohen Säulen getragenen Innenraum einer römischen Kirche. Auf einer Seite ist der Eingang zu einem prunkvollen Grabgewölbe sichtbar, das von einem starken Eisengitter abgeschlossen ist: die Erbgruft der hocharistokratischen Familie der Marchese von Attavanti. An einer anderen Wand ein verhängtes Bild, davor ein Malergerüst. Im Hintergrund öffnet sich eine Tür und ein sich scheu umblickender Mann betritt hastig, offenbar mit seinen letzten Kräften, die leere Kirche. Er sucht fieberhaft, entdeckt schließlich eine Madonnenstatue, die ein Weihwasserbecken krönt; in irrer Erregung tastet er nach einem anscheinend dort verborgenen Gegenstand. Sein Gewand ist beschmutzt und zerfetzt, sein Gesicht bleich, von Hunger und Leiden gezeichnet. Seine Unruhe steigert sich noch, als er nicht gleich findet, was er sucht. Dann hält er aufatmend einen Schlüssel in der Hand und öffnet damit das Gitter der Kapelle, huscht hinein und verschließt den Eingang wieder.

Gleich darauf taucht der Mesner auf, der seinen üblichen Rundgang durch die Kirche macht. Mit längst zur Gewohnheit gewordenen Gebärden geht er flüchtig vor Heiligenbildern in die Knie, bekreuzigt sich zerstreut und blickt neugierig um sich. Er trägt Pinsel, Farben und andere Malutensilien und wundert sich, den Maler nicht wie gewohnt auf seinem Gerüst anzutreffen, und mehr noch, den daneben stehenden Eßkorb unberührt vorzufinden. Eine Glocke läutet zum Angelus, der Mesner murmelt sein Gebet. Aus einem Seitenportal tritt Cavaradossi, zieht den Malerkittel an und besteigt das Gerüst. Er schlägt den Vorhang vor dem Gemälde zurück: eine auffallend schöne Frau, als Magdalena gekleidet, wird sichtbar. Prüfend steht Cavaradossi und blickt auf sein Werk. Der Mesner tritt näher und erschrickt: diese Ähnlichkeit! Der Maler bestätigt: Er hat eine Besucherin, die einige Tage regelmäßig vor der Madonnenstatue kniete, heimlich zum Vorbild genommen. Der Mesner tut empört, als sei sein Gotteshaus entweiht worden. Cavaradossi kümmert sich nicht um ihn und beginnt zu arbeiten;

dann betrachtet er sein Werk aus verschiedenen Blickwinkeln, zieht ein Medaillon aus dem Gewand und vergleicht dessen Bild mit jenem überlebensgroßen an der Wand. Entsetzt beobachtet der Mesner so viel weltliches Treiben in seiner Kirche und macht seinem Herzen mit Anklagen gegen alle Freidenker Luft, alle »Voltairianer« – wie er sie nach jenem Erzfeind der Kirche nennt–, wobei er sich selbst als treuesten Sohn der Kirche und des »santissimo governo« (der »heiligsten Regierung«) darstellt. Damit meint er das grausame Regime der neapolitanischen Königin Maria Carolina, die mit ihren Truppen vor kurzem der Römischen Republik den Garaus machte und deren Anhänger nun unerbittlich verfolgt. Mit einer Geste höchsten Mißfallens will der Mesner sich zurückziehen. Er läßt keinen Zweifel daran, daß er im Grunde den jungen Maler für einen Ketzer und vielleicht sogar, schlimmer noch, einen Anhänger Napoleons hält, der zum Schirmherrn der Idealisten ganz Europas aufgestiegen ist. Zugleich aber wirft er begehrliche Blicke auf dessen gut gefüllten Eßkorb, auf den der Maler heute keinen Appetit zu verspüren scheint. Er nähert sich wie zufällig und rückt den Korb ein wenig vom Gerüst weg, so daß er ihn später ohne große Mühe an sich bringen kann. Dann verabschiedet er sich.

Mario Cavaradossi malt eine Zeitlang ohne aufzublicken. Da schleicht sich der versteckte Mann aus der Seitenkapelle heraus und will die Kirche durchqueren, die er nach Beendigung des vorherigen Gesprächs wieder für leer hält. Cavaradossi fährt auf, einen Augenblick lang steht der Flüchtling wie gelähmt; dann eilen sie aufeinander zu, umarmen sich in inniger Freude. Der Maler erkennt Angelotti, Konsul der so kurzlebigen Römischen Republik, einen aufrechten Patrioten und Freiheitskämpfer, den er tot oder für immer im grauenhaften Gefängnis der Engelsburg verschwunden wähnte. In fliegenden Worten berichtet Angelotti von seiner Flucht aus diesem Kerker. Die Freunde beratschlagen in höchster Eile, was zur Rettung des Verfolgten zu tun sei–, da unterbricht Toscas Stimme vor dem Kirchenportal die hastige Unterredung. Schleunigst muß Angelotti in sein Versteck zurück, Toscas Mitwisserschaft könnte gefährlich sein, auch wenn sie ihren geliebten Mario niemals verraten würde. Schnell reicht er dem fast zusammenbrechenden Angelotti den Eßkorb in die Kapelle nach.

189

Eine Seite aus der Originalpartitur.
(Aus Cavaradossis Arie im 1. Akt: ». . . Il mio solo pensiero, ah! il mio
sol pensier sei tu, Tosca, sei tu!«)

Jess Thomas als Cavaradossi im 1. Akt.
Bayerische Staatsoper, München, Februar 1965.
Regie: Hans Hartleb

Galina Wischnewskaja (Tosca) und Franco Bonisolli (Cavaradossi),
München, November 1976

Toscas Pochen und Rufen an der verschlossenen Türe ist immer lauter und ungeduldiger geworden. Als der Maler ihr endlich öffnen kann, stößt sie ihn beinahe brüsk zurück; ihre Eifersucht ist geweckt. Warum zauderte er so lange? Warum ist das Tor überhaupt verschlossen? Hörte sie nicht Flüstern? Cavaradossi sucht liebevoll ihren unbegründeten Argwohn zu zerstreuen und beruhigt sie allmählich. Tosca teilt ihm mit, an diesem Abend müsse sie bei einem Fest zu Ehren der Königin singen, aber das Konzert wird kurz sein, und dann wolle sie Cavaradossi abholen, um gemeinsam in seine Villa zu fahren. Es wird eine wundervolle Sommernacht sein, schwärmt die Sängerin und ist unangenehm berührt, weil der Geliebte dieser Lockung nur recht zerstreut zuhört. Tatsächlich werden seine Gedanken immer wieder von der Sorge um Angelotti abgelenkt, für den jede Minute Verzögerung den Tod bedeuten kann. Er brennt darauf, Tosca zu entfernen, die immer wieder in Vorfreude auf die gemeinsame Liebesnacht ins Schwärmen gerät. Da fällt ihr Blick auf das Bild, an dem Mario arbeitet; sie fährt zurück und schreit auf: »Die Attavanti!« Nun scheint ihr alles klar: die Unruhe des Geliebten, die verschlossene Tür, die leisen Stimmen und Geräusche. Es bedarf langer Anstrengungen Cavaradossis, die leidenschaftliche Sängerin zu beruhigen. Dann versichern sie einander ihrer unwandelbaren Liebe, die der Maler auch dadurch beweisen solle, daß er der Magdalena die schwarzen Augen Toscas gebe, anstatt der hellen blauen der Marchesa von Attavanti...

Kaum hat sich das Tor hinter Tosca geschlossen, stürzt Cavaradossi zur Kapelle, um Angelotti zu rufen. Er weist ihm einen geheimen Weg zu seiner Villa, wo der Flüchtling vor Verfolgungen sicher sein sollte. Im Falle einer Gefahr könne er sich dort im Brunnen des Gartens verstecken, in dem sich oberhalb des tiefliegenden Wasserspiegels eine von außen unsichtbare Höhle befinde. Ein Kanonenschuß verkündet der Stadt die Flucht eines politischen Gefangenen aus der Engelsburg. Höchste Gefahr ist nun im Verzug; denn der verhaßte Scarpia wird keinen Augenblick verlieren, mit allen Kräften den Flüchtigen aufzuspüren. Cavaradossi beschließt, den Freund selbst in Sicherheit zu bringen, schnell verlassen sie durch einen Hintereingang die Kirche.

Aufgeregt eilt der Mesner herbei, um Cavaradossi eine Nachricht zu überbringen. Er weiß genau, daß diese für den Maler nicht freudig sein kann, aber »einen Ketzer zu quälen bedeutet einen sicheren Platz im Himmel«. Doch er findet keine Gelegenheit dazu, denn überraschenderweise ist das Gerüst leer, vom Maler keine Spur. So überbringt der Mesner den herbeiströmenden Chorknaben und Kapellsängern die Neuigkeit: Napoleon, der Verbrecher, ist vernichtet, in die Hölle geschickt! Nur mühsam, mit geifernder Stimme, kann der jubelnde Mesner ein großes Fest ankündigen: einen solchen Sieg gelte es zu feiern, mit einem Dankgottesdienst, mit Feuerwerk, mit einer Kantate im Palazzo Farnese in Anwesenheit der Königin und mit Floria Tosca in der Hauptrolle! Die um den Mesner versammelte Gruppe ist nicht mehr zurückzuhalten, in wilden Tänzen rast sie unter johlenden Gesängen durch die ganze Kirche.

Da tritt, wie mit einem Donnerschlag, Scarpia ein. Die Menge erstarrt vor seinem furchterregenden Auftreten. Es bedarf seiner strafenden Worte gar nicht mehr, die glänzend geheuchelte Empörung ausdrücken –, oder sollte sie echt sein? Ist der mächtigste Mann Roms, der skrupellos durch Ströme von Blut watende Polizeichef religiöser Gefühle fähig? Ängstlich suchen alle aus seiner Nähe zu kommen, der Mesner stammelt Entschuldigungsworte (»alle freuten sich«) und will sich schleunigst zurückziehen, doch Scarpia befiehlt ihm zu bleiben. Weiß er etwas von der Flucht eines Gefangenen aus der nahen Engelsburg? Wo ist die Kapelle der Attavanti? Der Mesner zeigt sie: Alle Heiligen, sie ist offen! Und der Schlüssel steckt im Schloß! Scarpia betritt schnell die Grabstätte und kehrt mit einem Fächer zurück; darauf entdeckt er das Wappen der Attavanti. Ein Helfer muß im Spiel gewesen sein. Die anfängliche Enttäuschung über den anscheinend unbedeutenden Fund wird bald einem satanischen Lächeln weichen. Er blickt sich nachdenklich in der Kirche um und entdeckt das unfertige Gemälde der Magdalena, bei dem ihm sofort die Ähnlichkeit der Heiligen mit der Marchesa von Attavanti auffällt. Wer malt dieses Bild? Der Cavaliere Cavaradossi, berichtet der Mesner. Man sieht förmlich, wie Scarpias Gehirn Fäden zu knüpfen beginnt. Einer der Polizeibeamten, durch die Scarpia die Kirche und Kapelle durchsuchen läßt, bringt den in der Gruft gefunden Eßkorb zum Vorschein. Kennt der Mesner diesen Korb? Natürlich, aus

Scarpia (Sherrill Milnes) betritt überraschend die Kirche Sant' Andrea della Valle. Aufführung vom 6. Mai 1976 in der Bayerischen Staatsoper. Regie: Götz Friedrich, Bild: Rudolf Heinrich

ihm speist Cavaradossi täglich während der Arbeit. Wie kommt der Korb in die Kapelle? Der Mesner weiß es nicht, denn Cavaradossi besitzt keinen Schlüssel zu ihr. Scarpias Gedanken arbeiten fieberhaft. Cavaradossi gilt als Freidenker, ist wohl auch ein Anhänger der Republik und Napoleons, zudem der Geliebte der bekannten Sängerin Floria Tosca... War der Flüchtling hier? Fand er den Korb? Kennt er Cavaradossi? Wie kam er in die Kapelle? Half ihm die Schwester dabei, die Marchesa von Attavanti? Oder gar der Maler?

In großer Aufregung kehrt Tosca in die Kirche zurück. Sie findet den Geliebten nicht und weiß auch nicht, wo sie ihn suchen soll. Der Mesner nähert sich ihr auf Scarpias Geheiß; der Maler sei verschwunden, rätselhaft, wie durch Zauberei. Die Glocken beginnen zu läuten. Da tritt, in unterwürfigster Haltung, Scarpia hinter einer Säule hervor und nähert sich Tosca. Mit höflichsten Worten bietet er ihr seine mit Weihwasser benetzte Hand. Tosca berührt sie flüchtig, ist aber in Gedanken offenkundig anderswo. Scarpia spinnt seinen Plan weiter; hat nicht einmal ein Taschentuch den Untergang eines

Scarpia (Sherrill Milnes) nähert sich Tosca (Teresa Kubiak) in der Kirche. Bayerische Staatsoper, München, 6. Mai 1976

Helden herbeigeführt, ist nicht Othellos rasende Eifersucht bewußt durch Jagos Ränkespiel zur Siedehitze gesteigert worden? Nun, er wird es mit einem Fächer versuchen; wer weiß, was dabei herauskommt... Und er lobt Toscas Frömmigkeit, die hierher käme, um zu beten, und nicht mit den schamlosen Absichten, mit denen andere Frauen diesen Raum beträten. Und er weist auf das Bild der Magdalena mit den unschuldigen Blicken der Attavanti. Wie vom Blitz getroffen, wendet Tosca sich ihm voll zu: »Beweise! Beweise!« Darauf hat Scarpia gewartet: Seit wann gehört ein Fächer zu den Utensilien eines Malers? Tosca will wissen, woher Scarpia den Fächer hat, wo er ihn fand. Und Scarpia lügt: auf dem Gerüst. Er muß wohl liegen geblieben sein, als hier ein Stelldichein gestört wurde. Tosca entreißt Scarpia den Fächer, sieht das Wappen der Marchesa von Attavanti. Riesengroß taucht der Verdacht wieder in ihrer Seele auf. Scarpia spielt den vollendeten Kavalier, fragt besorgt nach dem Grund ihrer Erregung, ihrer Tränen, bietet seine uneigennützige Hilfe an. Während sich im Hintergrund eine feierlich gestimmte Menge von Kirchgängern einzufinden beginnt, bricht aller Schmerz, bricht rasende Eifersucht aus Toscas Brust. Vielleicht ist die Rivalin in diesem Augenblick in den Armen ihres Geliebten, draußen in seinem Landhaus, wo sie selbst so oft glückliche Stunden verbrachte. Doch heute soll es ihnen nicht gelingen! Wild schreit Tosca beim Gedanken auf, das Paar zu überraschen –, so wild, daß Scarpia sie beinahe vorwurfsvoll ermahnt: »In der Kirche!« Tosca stürzt davon.

Scarpia richtet sich aus der ehrerbietigen Stellung hoch auf; er ist seinem Ziel um ein gutes Stück näher gekommen. Nur kurz überlegt er, dann ruft er seinen Helfer Spoletta zu sich: Drei Leute und einen Wagen! Eilig! Der davoneilenden Tosca nach, beobachten, wohin sie fährt. Nachher zur Berichterstattung in den Palazzo Farnese, Scarpias Büro.

Die Kirche hat sich gefüllt, die Orgel setzt ein. Schweizergarden bahnen den hohen geistlichen Würdenträgern den Weg zum Altar. Scarpia zieht sich ein wenig ins Dunkel zurück und kostet den kommenden Triumph aus: Angelotti wieder eingefangen und sofort hingerichtet, Cavaradossi als Fluchthelfer zum Tode verurteilt, Tosca aber, die schöne, stolze, unnahbare Tosca in seiner Hand! Beim Vorbeigehen des Kardinals beugt

Die feierliche Kirchenszene zu Ende des 1. Akts
(in einer älteren Aufführung der Mailänder Scala)

Scarpia das Knie, aber seine unheiligen Gedanken nehmen in immer wollüstigeren Bildern ihren Fortgang, während die Kirche unter dem Brausen des Tedeums erbebt.

ZWEITER AKT

Er spielt am späten Abend des gleichen Tages. Scarpia sitzt an einer üppig gedeckten Tafel im Salon seiner Büroräume im Palazzo Farnese. Seine Gedanken kreisen um die Suche nach Angelotti; noch vor Morgengrauen hofft er ihn und seinen Helfer Cavaradossi hängen zu sehen. Und dann... Tosca! Er klingelt, Sciarrone erscheint, einer seiner Gendarmen. Ob Tosca schon im Palast angekommen sei, wo das Fest der Königin zu Ehren des Feldherrn Melas stattfinde? »Soeben ging ein Kammerherr sie holen...«, lautet die Antwort. Scarpia sendet Sciarrone zum Palasteingang, um Tosca nach Beendigung ihrer Kantate zu sich zu laden. Doch nein, eine solche Einladung soll besser schriftlich formuliert werden. Scarpia tritt an sein Pult und wirft einige Zeilen aufs Papier. Dann, als Sciarrone fortgegangen ist, spinnt er seine Gedanken fort: Aus Liebe zu Mario wird sie kommen, und aus Liebe zu Mario wird sie noch in dieser Nacht zur Beute Scarpias werden. Der Häscher Spoletta kehrt von der Verfolgung zurück und erstattet dem Polizeichef seinen Bericht. Tosca sei nur kurz im Landhaus Cavaradossis verblieben; sofort danach habe er mit seinen Beamten alles durchsucht, aber nichts gefunden. Wütend will Scarpia seinem Spitzel an die Gurgel. Mühsam verschafft sich Spoletta weiter Gehör: aber der Maler Cavaradossi habe sich höchst verdächtig gemacht, sein hochmütiges Benehmen ließ darauf schließen, daß er um Angelottis Verbleib wisse –, und darum habe man ihn verhaftet und hierher, in den Palazzo Farnese, gebracht. Scarpia atmet erleichtert auf und läßt Cavaradossi vorführen. Durch das breite geöffnete Fenster dringt nun, wie aus einem tieferen Stockwerk, Musik vom Feste der Königin.

Unter heftigem Protest betritt der Maler den Raum und weigert sich, den von Scarpia mit betonter Höflichkeit angebotenen Stuhl anzunehmen. Ein Gefangener sei, so beginnt Scarpia das Gespräch, aus dem Castel Sant'Angelo entwichen. Da wird Toscas Stimme hörbar, leuchtend führt sie die Kantate beim

Scarpia (Sherrill Milnes) hat Cavaradossi (Placido Domingo) zu sich befohlen. Bayerische Staatsoper, 6. Mai 1976

Palastkonzert zum strahlenden Höhepunkt. Cavaradossi wie Scarpia horchen auf. Erst nach einer Weile nimmt dieser den Faden des Gesprächs wieder auf: ein Gefangener entfloh, das wisse Cavaradossi wohl? Nein, er wisse nichts davon, erwidert der Maler. So? Habe er ihn nicht in Sant'Andrea versteckt und dort mit Nahrung und wahrscheinlich auch Kleidern versorgt? Cavaradossi leugnet es. Und dann, will Scarpia wissen, wohl in sein Landhaus gebracht? »Lüge!« erwidert Cavaradossi. Hat man seine Villa nicht durchsucht bis in den letzten Winkel, und nichts gefunden? Wohl, weil er zu gut versteckt war, argwöhnt Scarpia, und Spoletta berichtet empört, daß der Maler auch während der Hausdurchsuchung gelacht habe. Er lache auch jetzt, versichert Cavaradossi höhnisch, denn alle Anschuldigungen seien Erfindung. Scarpia fährt auf: dies sei wahrlich kein Ort des Lachens, droht er, die Anspielung auf die angrenzende Folterkammer wird sehr deutlich. Immer wieder klingt die Musik der Kantate mit der alles übertönenden Stimme Toscas durch das geöffnete Fenster. Scarpia wird sichtlich abgelenkt durch deren betörenden Klang, unruhig springt er auf und schließt das Fenster. Plötzlich wird es unheimlich still im Gemach. Drohend steht nun Scarpia vor Cavaradossi: »Wo ist Angelotti?« Wieder die Antwort: »Ich weiß es nicht.« Alle drängenden Fragen beantwortet der Maler mit heftigstem Leugnen. Da tritt Tosca ein, wirft sich an die Brust ihres Geliebten, der ihr zuflüstern kann, um seines Lebens willen nichts zu verraten.

Scarpia ist nicht der Mann, der eine Fährte beim ersten Widerstand aufgibt. Cavaradossi wird auf seinen Befehl in die Folterkammer geführt: »Erst die üblichen Formen, später dann nach Weisung!« befiehlt er seinen Schergen. Die Tür zur Folterkammer schließt sich, Scarpia bleibt bei der völlig überraschten Tosca allein. »Die Sache mit dem Fächer...?« »Eifersucht, nichts weiter.« Die Attavanti war also nicht in Cavaradossis Villa? Nein, er war allein dort. Wirklich? Sei sie dessen auch ganz sicher? Laut, vielleicht ein wenig zu laut, bestätigt Tosca: »Allein! Ganz allein!« Scarpia erkundigt sich bei Sciarrone: »Was sagt der Cavalier?« »Gar nichts!« lautet die Antwort. Tosca bricht in ein angestrengtes Lachen aus: wie sinnlos sei dieses Verhör, es gebe nichts zu gestehen, nichts zu verheimlichen! Scarpia rät zur Geduld. Er weiß aus Erfahrung, welche

Geständnisse in der Folterkammer ans Tageslicht kommen. Ob Tosca diese schmerzliche Stunde ihrem Geliebten nicht ersparen wolle? Die Sängerin erschrickt: schmerzliche Stunde? Nun erst beginnt sie zu ahnen, was sich im Nebenraum abspielt. Das Stöhnen des Gemarterten wird hörbar, Tosca gerät in höchste Aufregung, scheint bereit zu reden. Sofort läßt Scarpia die Folter abbrechen und die Türe öffnen, so daß die Liebenden wenigstens miteinander sprechen können. Cavaradossi mahnt erneut zum Schweigen, und so leugnet Tosca auf Fragen Scarpias weiterhin, von irgend etwas zu wissen. Sofort setzen die Folterungen von neuem ein. Tosca ist dem Zusammenbruch nahe. Sie beschwört Scarpia, die Mißhandlungen einstellen zu lassen. Doch Scarpia lächelt nur: so tragisch habe er Tosca auf der Bühne niemals erlebt. Er läßt die Tür nun weit öffnen, damit Tosca Cavaradossis unerträglich werdende Schmerzen noch unmittelbarer miterlebe. Scarpia treibt die Schergen zu immer neuen, immer grauenvolleren Folterungen des Gefangenen an. Die Szene gestaltet sich von Augenblick zu Augenblick entsetzlicher. Spoletta verwehrt Tosca mit Gewalt den Eintritt in die Folterkammer. Auf ihre mit letzter Kraft an den Geliebten gerichtet Frage, ob sie reden dürfe, antwortet er: »Törin, sei still! Was weißt du?« Scarpia befiehlt nun, den Gefangenen endlich »zum Schweigen zu bringen«; dann werde Tosca sprechen. Er behält recht. Tosca ist auf dem Sofa zusammengebrochen, ihre fast tonlos gewordene Stimme fleht den Peiniger an. Doch Scarpia geht nur zur Tür, um den schwersten Grad der Tortur zu befehlen. Cavaradossis Mund entringt sich ein langer, furchtbarer Schrei. Da flüstert Tosca in rasender Verwirrung: »Im Brunnen ... dort im Garten ...«

Scarpia ordnet das Ende der Folter an. Sciarrone meldet, der Gefangene liege bewußtlos da. Anklage und Flehen zugleich stößt Tosca hervor: »Feiger Mörder! Ich will ihn sehen ...« Der ohnmächtige Cavaradossi wird blutüberströmt hereingetragen. Fassungslos stürzt sich Tosca auf ihn, umarmt, küßt ihn immer wieder. Er erwacht, erkennt sie mühsam. Seine Sorge gilt vor allem Angelotti. Hat Tosca gesprochen? Sie will in höchster Angst verneinen, aber Scarpias Befehl an Spoletta macht alles klar: »Im Brunnen dort im Garten! Geh ...« Angestrengt richtet Cavaradossi sich ein wenig auf, seine Empörung gilt nun Tosca, die ein Geheimnis verriet, das ihm alle Folterqualen

Cavaradossi (Placido Domingo) kommt zu kurzer Verhörspause aus
der Folterkammer. Bayerische Staatsoper, 6. Mai 1976

nicht entreißen konnten. Da stürzt Sciarrone herbei, um Scarpia eiligst eine schwerwiegende Nachricht zu überbringen: Die königlichen Truppen haben soeben eine schwere Niederlage erlitten, Napoleon hat gesiegt, der eben noch gefeierte Melas befindet sich auf der Flucht. Cavaradossi hat mit wachsender Spannung gelauscht, in nie gekannter Begeisterung, in die sich Wut und Rachedurst mischen, findet er die Kraft, sich zu erheben und in einen glühenden Triumphgesang auszubrechen. Selbst Scarpia verliert für einen Augenblick seine stolze Ruhe, unter härtester Gewaltanwendung wird Cavaradossi aus dem Saal geschleppt. Vergeblich sucht Tosca, sich an ihn zu klammern.

Minuten vergehen. Tosca scheint sich zu fassen. Scarpia, nun wieder ganz Weltmann, lädt sie zu Tische, kredenzt ihr (»der wird Euch guttun«) ein Glas Wein, schlägt vor, gemeinsam zu beraten, was zu Cavaradossis Rettung zu tun sei. Angewidert sitzt Tosca ihm gegenüber, beherrscht sich, so gut sie kann, und fragt schließlich: »Wieviel?« »Wieviel?«, wiederholt Scarpia scheinbar erstaunt. Tosca verdeutlicht: den Preis möchte sie erfahren, den Kaufpreis für das Leben des Geliebten. Scarpia lacht höhnisch: Vielleicht halte man ihn manchmal für bestechlich, für käuflich, aber noch nie habe er von schönen Frauen bare Münze genommen! Sollte er wirklich vom Pfade der beschworenen Pflicht abweichen, so müsse der Lohn ganz anders aussehen. Schaudernd erkennt Tosca die Begierde Scarpias. Ja, er habe sie schon lange begehrt, fährt Scarpia immer erhitzter fort, aber niemals so rasend wie jetzt, da ihre Tränen, ihr Haß sie ihm noch viel verlockender erscheinen lassen. Ein Gedanke blitzt durch Toscas Kopf: die Königin! Scarpia zuckt die Achseln: Vielleicht würde sie Gnade gewähren, aber was könnte diese einer Leiche noch nützen? Tosca erkennt, daß Cavaradossis Hinrichtung unmittelbar bevorsteht. Sie sucht zu fliehen, weiß in ihrer Ratlosigkeit nicht, wohin. Scarpia verfolgt die Fliehende durch den ganzen Saal, will sie an sich reißen. Trommeln ertönen dumpf im Hof; kalt weist Scarpia hinab: Dort wird Cavaradossis Galgen errichtet.

Anscheinend ruhig ist Scarpia zum Tisch zurückgegangen. Tosca ist zu Boden gesunken, betet mit ersterbender Kraft zum Himmel. Auf Knien fleht sie dann um Cavaradossis Leben. Mit seltsam veränderter Stimme erwidert ihr Scarpia: Ein Leben

Tito Gobbi (Scarpia) und Leonie Rysanek (Tosca) in der Italienischen
Woche, Bayerische Staatsoper, München, November 1968

wolle er ihr geben und erbitte dafür nur eine kurze Stunde der
Zärtlichkeit. Hat auch dieser Bluthund einst, bevor er auf seine
verhängnisvolle Laufbahn gedrängt wurde, ein liebesuchendes
Herz gehabt? Tosca weist ihn in tiefster Verachtung zurück.
Spoletta begehrt Eintritt, berichtet atemlos, daß Angelotti sich
bei seiner Entdeckung selbst getötet habe. Gut, dann solle man
seine Leiche an den Galgen hängen, entscheidet Scarpia. Und
der andere? Zu Cavaradossis Hinrichtung sei alles bereit, meldet Spoletta. Leise spricht Scarpia nochmals zu Tosca, sie nickt
und bricht in hemmungsloses Schluchzen aus. Scarpia hält
Spoletta zurück, als wolle er an seinen Anordnungen noch
etwas ändern. Tosca unterbricht: sie habe eingewilligt unter der
Bedingung, daß Cavaradossi sofort freigelassen werde. Das
gehe leider nicht, erklärt Scarpia, die Öffentlichkeit müsse an
seine Hinrichtung glauben. Welche Sicherheit erhalte sie dann
als Gegenwert für ihr furchtbares Opfer? Scarpia sucht sie zu
beruhigen; sie selbst solle den Befehl hören, den er Spoletta
erteilen wolle, und auf diesen Mann sei Verlaß: Cavaradossi sei
so zu erschießen, »wie wir es machten beim Grafen Palmieri,

207

Scarpia (Sherrill Milnes) stirbt – am Ende des 2. Akts – unter den Messerstichen Toscas (Teresa Kubiak).
Aufführung der Bayerischen Staatsoper, München, vom 6. Mai 1976

eine Erschießung nur zum Scheine«. Denkt Scarpia wirklich einen Augenblick lang an Cavaradossis Rettung oder setzt er von vornherein seiner Schurkerei die Krone auf? Tosca verlangt, dem Geliebten selbst die Nachricht von seiner Befreiung überbringen zu dürfen. Scarpia zeigt sich großmütig. Man solle Tosca um vier Uhr morgens in die Engelsburg führen, wo Cavaradossis Erschießung stattfinden soll. Spoletta verläßt den Raum, sofort will sich Scarpia, nun seines Sieges ganz gewiß, auf sein Opfer stürzen. Doch Tosca äußert noch einen Wunsch: einen Paß für freies Geleit, mit dem Cavaradossi und sie nach dieser grauenhaften Nacht aus Rom fliehen wollen. Scarpia bedauert diesen Entschluß, aber er zeigt sich bereit. Er geht zum Schreibpult, um die gewünschten Papiere auszustellen. Tosca geht wie ein gefangenes Tier ziellos durch den Raum ihrer Qualen; sie zittert vor dem Augenblick, der ihr bevorsteht. Da fällt ihr Blick auf ein dolchartiges Messer, das auf dem Tisch liegt. Mit plötzlichem Entschluß nimmt sie es an sich. Scarpia siegelt die Papiere und geht mit ausgebreiteten Armen Tosca entgegen. Er will sie an sich ziehen, da stößt sie ihm das

208

Messer ins Herz. Unter den haßerfüllten Blicken Toscas stirbt er langsam und qualvoll.

Langsam löst sich der Krampf, der Toscas ganzes Wesen beherrschte, die Spannung, in der sie eine endlose Stunde lang gelebt hat, läßt nach. Sie wäscht ihre blutverspritzten Hände, sie sucht den Passierschein, den Scarpia schrieb und entdeckt ihn in den verkrallten Fingern des Toten. Sie reißt ihn an sich und will den Raum verlassen. Ihr christliches Gefühl überwältigt sie: Sie nimmt zwei brennende Leuchter und stellt sie zu Häupten der Leiche auf, ein Kruzifix legt sie dem leblosen Todfeind auf die Brust. Entfernte Trommeln rufen sie in die Wirklichkeit zurück: »Das ganze Rom ließ dieser Mann erzittern«, spricht sie fast tonlos, unendlich erstaunt, als erwachte sie aus einem unvorstellbaren Traum, und geht leise aus dem Raum.

DRITTER AKT

Auf der höchsten Plattform der Engelsburg spielt der dritte Akt. Die verhängnisvolle Nacht nähert sich dem Morgen. Noch leuchten die Sterne; in der Ferne Herden, das Lied eines Hirten im römischen Dialekt. Erste Strahlen der Dämmerung huschen über den Himmel. Eine Glocke erwacht, eine zweite gesellt sich hinzu. Der Kerkermeister steigt die Treppe empor, wechselt einige Worte mit dem Wachsoldaten, der unablässig seine Runden dreht. Die Glocken aus allen Teilen Roms läuten nun den Tag ein. Eine Abteilung Soldaten bringt Cavaradossi. Der Kerkermeister blättert, findet den Namen des Gefangenen, verkündet ihm, daß er nur noch eine Stunde zu leben habe. Cavaradossi lehnt den angebotenen Beistand eines Priesters ab, bittet aber um eine andere Gunst: er möchte einige Abschiedsworte an einen geliebten Menschen richten. Er bietet seinen Ring, das letzte irdische Gut, das er noch besitzt, wenn der Kerkermeister den Brief bestellen wolle. Er schreibt an Tosca, einen wehmütigen Brief voll Sehnsucht nach den verflossenen, seligen Liebesstunden. Er weint während des Schreibens die heißen Tränen, die er bei der Folterung nicht vergossen hat.

Da betritt Tosca, von Spoletta begleitet, die Plattform. Man läßt das Liebespaar allein. Tosca zeigt Cavaradossi den Passierschein, erstaunt liest er über Scarpias Siegel: »Geleit für Floria

Die Gewehrläufe sind auf Cavaradossi (Placido Domingo) gerichtet; im Hintergrund der Polizeispitzel Spoletta (David Thaw). 6. Mai 1976, Bayerische Staatsoper, München

Tosca... und für den Herrn, welcher sie begleitet...« Sie können ihr Glück nicht fassen. Scarpias Gnade? Cavaradossi ist begierig deren Gründe zu erfahren. Mit fliegenden Worten berichtet ihm die Geliebte das Geschehene. Wie, mit diesen zärtlichen Händen habe sie den Tyrannen getötet, für ihn? Tosca will die Erinnerung fortwischen, nun gelte es nur noch, die »Erschießung zum Schein« durchzustehen: Mario müsse sich bei der Gewehrsalve niederwerfen und dürfe sich erst wieder bewegen, wenn die Soldaten verschwunden seien und Tosca ihn rufe. Und dann fort, nur fort, nach Civitavecchia und hinaus aufs Meer, in die Freiheit, in die nicht endende Liebe... Sie erwarten beinahe froh das Erschießungskommando, und ihre Herzen sind leicht und voll Glück.

Dann naht der Kerkermeister wieder: Es ist Zeit. Die Soldaten ziehen auf, die Sonne sendet ihre ersten Strahlen in den Frühlingsmorgen. Das Kommando nimmt Aufstellung. Cavaradossi wird an die Wand gestellt. Tosca hat sich ein wenig zurückgezogen, aus einem Versteck beobachtet sie, harrt voll Ungeduld. Endlich hebt der Offizier den Säbel, alle Gewehrläufe sind auf Cavaradossi gerichtet. Dann die Salve. Cavaradossi stürzt lautlos. Es dauert noch eine Weile, bis die Soldaten abgezogen sind. Tosca ermahnt den Geliebten leise, sich noch nicht zu erheben. Dann aber eilt sie auf ihn zu, ruft ihn an, vergeblich. In rasender Angst zieht sie das Tuch fort, das die Soldaten über ihn gebreitet haben. Und sieht, daß er tot ist.

Stimmen, Rufe, Schreie aus der Tiefe. Tosca hört nichts, sie starrt ihren gemordeten Geliebten an, beugt sich verzweifelt über ihn. Der Lärm kommt rasch näher. Befehle werden hörbar: alle Ausgänge besetzen! Und immer wieder Rufe: Scarpia ist getötet worden. Menschen werden auf der Plattform sichtbar, mit Spoletta an der Spitze nähern sie sich schnell, wollen Tosca greifen. Da erwacht diese, schwingt sich auf die Mauer und springt in plötzlichem Entschluß in den tödlichen Abgrund.

Tosca (Hildegard Hillebrecht) vor ihrem Sprung in den Abgrund.
Aufführung vom 24. Februar 1965 (Premiere) in der Bayerischen
Staatsoper, München

Was ist historisch in der Oper »Tosca«?

Historisch oder nicht historisch – das ist bei der Beurteilung von Opern keine entscheidende Frage. Aber sie kann den Liebhaber, der sich näher mit ihr beschäftigt, sehr wohl interessieren. Sie ist übrigens gar nicht leicht zu beantworten. Denn selbst Werke, in deren Mittelpunkt eine oder mehrere durch die Geschichte beglaubigte Persönlichkeiten stehen, müssen noch lange keine »historischen Opern« sein. Wer würde etwa Wagners »Parsifal« als »historisch« bezeichnen, auch wenn wir heute mit weitgehender Sicherheit wissen, daß es einen Ritter dieses Namens im 9. Jahrhundert gegeben hat? Ja, ist Verdis »Don Carlos« eine »historische Oper«, auch wenn die Mehrzahl ihrer Figuren in der Geschichte nachzuweisen ist? Müßte nicht gerade ein Historiker gegen eine solche Annahme Einspruch erheben, da der »wirkliche« Infant Carlos mit jenem der Opernbühne weder in Charakter noch in Schicksal mehr als einige Zufälligkeiten gemein hatte? Es gibt eine Fülle von Werken des Musiktheaters, die zwar eine oder mehrere Gestalten aus der Geschichte entlehnen, aber mit ihnen so frei umspringen, daß von einer »historischen Oper« kaum die Rede sein kann. Hierher gehören zahlreiche, dem Musikliebhaber bekannte und teure Werke. Und zu diesen zählt auch »Tosca«. Der bedeutende französische Dramatiker Victorien Sardou, der 1831 in Paris geboren wurde und dort hochberühmt 1908 starb, errang im Jahre 1887 einen seiner stärksten Bühnenerfolge mit dem Schauspiel »La Tosca«, in dem die gefeiertste der Schauspielerinnen ihrer Epoche, Sarah Bernhardt, legendär gewordene Triumphe in Paris und auf vielen Gastspielreisen durch die Welt feierte. Sardou wurde gerade dieses Werkes wegen scharf angegriffen. Victor Hugo, der zwei Jahre zuvor verstorbene weltberühmte Dramatiker, hätte wahrscheinlich manches aus seinem Werk »Angelo, Tyrann von Padua« (das übrigens von Arrigo Boito zur erfolgreichen Oper »La Gioconda« mit Musik von Ponchielli umgearbeitet wurde) in »Tosca« wiedererkannt und sich vielleicht – wieder einmal – bestohlen gefühlt. Sardou aber, viel zu schlau und beredt, um sich von solchen Anklagen in die Enge treiben zu lassen, behauptete, die Geschichte in einer – natürlich längst nicht mehr auffindbaren – Chronik der französischen Religions-kriege im 16. Jahrhundert gelesen zu haben. Dort soll eine ganz ähnliche erpresserische Tat, wie Scarpia sie an Tosca plant, von einem katholischen Polizeioffizier in Toulouse gegenüber einer protestantischen Gefangenen angewendet worden sein. War-um übrigens ein Vorbild für dieses Drama in so entlegenen Gefilden suchen? Ähnliches spielt sich täglich in ähnlichen Situationen rund um den Erdball ab, ohne bekannt oder gar geahndet zu werden.

Es gibt in »Tosca« eine ganze Reihe von historischen Bezügen. Nicht umsonst konnte Sardou einen genauen Zeitpunkt für die Handlung seines Dramas vorschreiben: Mitte Juni 1800. Und natürlich den Schauplatz: Rom. Das Umfeld der Oper ist zweifelsfrei historisch. Es sind die Kämpfe, die als Folge der Französischen Revolution in halb Europa ausgebrochen sind, es ist der bewegte Beginn jener bald als »napoleonisch« bezeichneten Zeit. War auch die Revolution selbst in Blut und Terror erstickt, so waren ihre Ideale von Freiheit, Gleichheit und Brüderlichkeit doch zu einem Fanal für viele Völker geworden. Aus dem wachsenden französischen Chaos hatte sich die Gestalt eines Mannes gelöst, den kein Dichter, kein Dramatiker jemals hätte erfinden können: Napoleon Bona-parte. Ein von ungeheuren Visionen gejagter und doch zugleich kühl planender, ein mit unfaßbarer Leidenschaft kämpfender, dämonischer, ihm blind folgende Untertanen zu Hunderttau-senden in Tod und Verderben reißender Tyrann, der eine »neue Welt« vor Augen hatte und in der unerbittlichen Verfol-gung dieses Ziels nur zwei Gefühle im weiten Erdteil aufwühlen konnte: begeisterte Verehrung, selbstaufopfernde Hingabe, fast abergläubische Bewunderung auf der einen – abgrundtie-fen Haß, vernichtungsbereite Wut, grenzenlose Verachtung auf der anderen Seite. Seine Legionen hielten Europa in Atem, schlugen Schlachten von beispielloser Kühnheit, eroberten Länder, stürzten Throne. Österreich, die stärkste Kontinental-macht, zu treffen, war Napoleons Nahziel, um Frankreich die Vorherrschaft in Europa zu sichern, sich selbst zu dessen Herrn zu machen. Zu diesem Plan gehörte der Vorstoß direkt in das habsburgische Reich, aber ebenso dessen Schwächung im Süden, wo Wien auf italienischem Boden über ausgedehnte Gebiete herrschte. Napoleons Truppen überquerten die

Alpen, eroberten Savoyen und die Lombardei. Eine Reihe von Republiken wurde ins Leben gerufen: die Cisalpinische mit der Hauptstadt Mailand, die Ligurische mit dem Zentrum in Genua. Weiter nach Süden ging es: dort bestand von Küste zu Küste ein politischer wie geistlicher Machtfaktor, der Kirchenstaat. Die Franzosen siegten, verbannten den Papst Pius VI. nach Valence (wo er ein Jahr später starb) und riefen am 15. Februar 1798 die »Römische Republik« aus.

Österreich mobilisierte seine und seiner Bundesgenossen Kräfte. Einer der wichtigsten von ihnen saß in Neapel. Dort regierte dem Namen nach König Ferdinand IV. In Wahrheit aber seine viel tatkräftigere Gattin Maria Carolina aus dem Hause Habsburg, Tochter der Kaiserin Maria Theresia, Schwester der unglücklichen Marie Antoinette, die von der Französischen Revolution aufs Schaffott geschickt worden war. Beide Kaisertöchter machten, wie die Geschichte berichtet, ihrer Familie wenig Ehre: Marie Antoinette, die in sträflichem Leichtsinn sich und ihren königlichen Gemahl ins Verderben stürzte, Maria Carolina durch eine ganz unhabsburgische Härte gegen ihre süditalienischen und bald auch, wie wir sehen werden, römischen Untertanen. Sie bewog ihren Gatten, den König von Neapel, Frankreich den Krieg zu erklären. Napoleon entsandte seinen General Championnet im Dezember 1798, der mit den neapolitanischen Heeren kurzen Prozeß machte; er besetzte Neapel und zwang das Königspaar ins Exil nach Palermo. Im Namen Napoleons wurde am 25. Januar 1799 ein Rat aus 25 Männern als Regierung eingesetzt; ein Name daraus fällt dem Kenner der »Tosca« auf: Angelotti –, doch davon später. Einige Monate danach rüsten die Alliierten zum Gegenschlag; Napoleon war eben wieder nördlich der Alpen voll beschäftigt und kommandierte seine Truppen dorthin ab, wobei er sich auf die Selbstverteidigung der Republiken verließ. Doch diese waren zu jung und noch nicht gefestigt genug. Maria Carolina und ihr Ehemann zogen in ihre alte Residenz Neapel ein, wo ein furchtbares Strafgericht einsetzte. Tausende von »Revolutionären« oder auch nur »Verdächtigen« wurden eingekerkert, in großen Scharen hingerichtet. Maria Carolina kommt in »Tosca« ebenfalls vor: In Sardous Drama tritt sie persönlich auf, in Puccinis Oper wird sie nur erwähnt. Als ihre Freundin und Begleiterin wird manchmal Lady Hamilton genannt, eine berühmt gewordene Abenteurerin, die aus sehr zweifelhafter Vergangenheit zur Geliebten des englischen Nationalhelden Lord Nelson, des Siegers in den Seeschlachten von Abukir und Trafalgar aufstieg. Sie stand, auch als Gattin eines englischen Botschafters, auf der Seite der »legitimen« Regimes gegen alle Republiken, in denen das Fehlen von Zensurbehörden vielleicht Veröffentlichungen über ihr Vorleben begünstigt hätte.

Die verbündeten Heere Neapels und Österreichs zogen nordwärts und machten auch der römischen Republik den Garaus. Einer ihrer Konsuln, Cesare Angelotti, (er muß nach dem neapolitanischen Zusammenbruch hierher geeilt und als führender Republikaner an die Spitze berufen worden sein) fiel in die Hand der Gegner. Man kann sich vorstellen, welches wertvolle Beutestück er in der Hand der Sieger darstellte, so daß Sardou (und mit ihm Puccinis Textdichter) hier nicht übertreiben mußten, als sie ihn trotz der Kleinheit seiner Rolle zu einer Schlüsselfigur der Handlung machten. Angelotti wurde am 27. September 1799 im römischen Staatsgefängnis auf der Engelsburg eingekerkert. Maria Carolina scheint damals – entgegen Sardous Drama und Puccinis Oper – Rom nicht betreten zu haben. Aber sie setzte dort einen Polizeichef ein, den gefürchteten Baron Vitello Scarpia, einen grausamen und äußerst verschlagenen Mann, dem sie die Verfolgung aller Republikaner anvertraute. Scarpia ließ die Gefangenen auf der Engelsburg so halten, daß Aussicht darauf bestand, nur wenige von ihnen würden den Tag ihres Prozesses erleben. Daß sie diesen überleben könnten, war völlig undenkbar. Es galt, »Aufrührer« rücksichtslos aus dem Wege zu räumen, die Vollmachten des Polizeichefs reichten für Einkerkerungen, Folter und Hinrichtungen vollkommen aus.

Hier setzt das Drama Sardous ein und auch die Oper, die ihm nachgebildet ist. Die freiheitlichen Kreise Roms seufzen unter den furchtbaren Repressalien, die Neapels und Österreichs siegreiches Regime gegen die Teilnehmer an der kurzlebigen römischen Republik ausüben. Beide Bühnenstücke zeigen den Maler Mario Cavaradossi, einer römischen Patrizierfamilie entstammend, innerlich auf seiten der Republik, wenn auch ohne politische Beteiligung an ihr. Dieser Cavaradossi scheint wirklich gelebt zu haben. Er soll von seinem liberalen Vater zu freiheitlichen Gedanken angeregt, von seiner französischen Mutter zum Malstudium nach Paris geschickt worden sein, wo er im Atelier des namhaften Jacques Louis David arbeitete, der Mitglied des Nationalkonvents der Republik war und später Napoleons Hofmaler wurde. So ist es in Papieren nachzulesen, die im Nachlaß Sardous gefunden wurden. Woher mag er diese Angaben gehabt haben?

Bei ihm wie in der Oper waren Cavaradossi und Angelotti befreundet und überdies Anhänger der gleichen Ideen. So besteht für den Maler kein Zweifel, daß er dem aus der Engelsburg geflüchteten Angelotti helfen müsse. Vielleicht ahnt er nicht sofort, daß dies mit dem Einsatz des eigenen Lebens verknüpft sei, aber der gemeinsame Haß gegen Scarpia, in dem sie den eigentlichen Totengräber jeder Freiheit sehen, ist stärker als alles. Angelotti war Regierungsmitglied der neapolitanischen und hernach der römischen Republik, wie wir sahen, und scheint bei deren Sturz gefangen genommen und später getötet worden zu sein. Ob sein Ende sich allerdings so abgespielt hat, wie Victorien Sardou und Giacomo Puccini es schildern, ist kaum noch festzustellen.

Im Nachlaß Sardous fanden sich auch Angaben über die »Sängerin Floria Tosca«, und es ist durchaus möglich, daß sie wirklich gelebt hat. Sie soll allerdings »um 1788« geboren sein, was im Zusammenhang mit Drama und Oper völlig undenkbar ist. Da diese »im Juni 1800« spielen, müßte die »berühmte Sängerin« etwa zwölf Jahre alt gewesen sein. Vielleicht gab es eine Sängerin dieses Namens, auf die weitere Daten im Nachlaß Sardous zutreffen mögen, aber sie kann nicht mit der Titelheldin von Drama und Oper identifiziert werden. Es heißt, sie sei in der Nähe von Verona zur Welt gekommen und früh verwaist in die Obhut der Benediktiner gegeben worden; zur Sängerin ausgebildet, soll sie in der Titelrolle von Giovanni Paisiellos »Nina pazza per amore« debütiert haben. Deren Uraufführung fand 1789 statt, wie in jeder Musikgeschichte nachzulesen: ein Datum, das mit dem angeblichen Geburtsdatum der Floria Tosca nicht in Einklang zu bringen ist, wohl aber genau in die zeitliche Fixierung der Oper »Tosca« paßt. Also ist entweder diese Angabe (1788) falsch – es könnte z. B. 1768 lauten –, oder Sardou nahm einfach den Namen einer Sängerin, der ihm klangvoll erschien, und übertrug ihn auf seine Theaterfigur,

deren in Drama und Oper erzählte Geschichte mit voller dich-
terischer Freiheit gestaltet sein dürfte.

Die Papiere Sardous, die vielleicht die Materialsammlung für
das von ihm geplante Schauspiel darstellen, enthalten über den
Polizeichef Baron Scarpia nichts als die Angaben, er sei in
Sizilien geboren und von ungewöhnlicher Grausamkeit gewesen. Die südliche Herkunft macht seinen Fall glaubwürdiger:
die Königin Maria Carolina kann seine absolute Königstreue
und zu jeder Tat bereite Energie während ihres Exils in
Palermo kennengelernt haben; sie mochte in ihm den richtigen
Mann sehen, die soeben zerschlagene römische Republik völlig
zu vernichten. Suchte man genauer in den alten Archiven
Roms, so könnten vielleicht nähere Daten über diese furcht-
bare Gestalt zu finden sein. Immerhin neigt man zur Ansicht, er
habe gelebt; ob er aber zu jener Zeit, in der das Drama und die
Oper angesiedelt sind, in einen ähnlichen wie den darin geschilderten Fall verwickelt war, ob er von einer Sängerin erstochen
wurde, die ihren Körper nur so gegen ihn verteidigen konnte,
das alles muß mit einem großen Fragezeichen versehen werden.
Historisch ist natürlich die Gestalt der Königin Maria Carolina.
Sardou bringt sie auf die Bühne, läßt sie eine Siegesfeier im
römischen Palazzo Farnese abhalten, bei der die Sängerin
Floria Tosca eine Kantate Paisiellos zum Vortrag bringt. Mitten
in dieses Fest dringt die Kunde, daß die Heere Österreichs und
Neapels durch napoleonische Truppen bei Marengo vernich-
tend geschlagen wurden. Das geschah am 14. Juni 1800. Die
Königin fällt in Ohnmacht, die Gäste laufen entsetzt auseinan-
der, viele denken wohl an sofortige Flucht. In der Oper wird das
Fest nicht gezeigt, man hört seine Klänge nur durch die in der
Sommernacht offenen Fenster. So dringen sie in den ein Stock-
werk höher gelegenen prunkvollen Arbeitsraum Scarpias. Die
Nachricht von der Schlacht bei Marengo aber platzt hier noch
dramatischer in das Geschehen: der soeben aus der Folterkammer herbeigetragene, körperlich wie seelisch aufs ärgste
geschundene Cavaradossi vernimmt die Meldung, die in diesem
Augenblick ein Polizeispitzel seinem Chef Scarpia übermittelt.
Und mit letzter Kraft richtet Cavaradossi sich ein wenig auf und
schleudert den Jubelruf »Vittoria! Vittoria!« dem blutrünstigen
Todfeind mitten ins Gesicht.

Maria Carolina war damals, wie man annehmen muß, nicht in

Palazzo Farnese, Rom
Kupferstich von Piranesi, 1757

Rom. Sardou erfand ihre Gegenwart, um sein Drama wirkungsvoller zu gestalten. Sie befand sich auf der Reise nach Wien, wo sie ihren kaiserlichen Neffen Franz I. zum Kriege gegen Frankreich überreden wollte. Ob sie auf dieser Meeresfahrt von Neapel nach Livorno vielleicht in einem römischen Hafen – Ostia oder Civitavecchia – haltmachte, ist nicht bekannt.

Also: Die Königin und Angelotti sind »historisch«, die drei Hauptgestalten des Dramas (und der Oper) – Tosca, Cavaradossi, Scarpia – könnten es sein. Im Grunde genommen ist das wohl gar nicht so wichtig: Sie wirken so lebensecht, daß die Achtung vor den Autoren, hätten sie die Handlung »nur« erfunden, noch größer sein müßte, als wenn sie geschichtliche Ereignisse für die Bühne verarbeitet hätten. Nicht daß eine Handlung wahr ist, verleiht ihr Wert, sondern daß sie wahr sein könnte, gerade so wie sie geschildert wird, ist das Entscheidende.

Historisch wahr sind die drei Schauplätze, an denen die Oper »Tosca« spielt. Sie alle sind im heutigen Rom zu besichtigen: die Kirche, der Palazzo Farnese, die Engelsburg. Wegen der

220

Tiberbrücke mit Engelsburg, Rom

Kirche gibt es einen Einwand: Sehr gute Kenner der Gottes-
häuser Roms behaupten, mit der angegebenen »Sant'Andrea«-
Kirche könne nur die Jesuitenkirche Sant'Andrea al Quirinale
gemeint sein, nicht aber die von Sardou und Puccini genannte
»Sant'Andrea della Valle«. Einmal, weil die Lage von Sant'Andrea al Quirinale eher mit der Handlung in Beziehung gebracht
werden kann, vor allem aber, weil sich darin die Erbgruft der
Marchese von Attavanti befindet, die in Drama und Oper als
Versteck für den geflüchteten Angelotti eine so wichtige Rolle
spielt. Sant'Andrea al Quirinale ist wegen ihres ellipsenförmi-
gen Grundrisses berühmt und gilt als architektonischen Meisterwerk des großen Gian Lorenzo Bernini.
Der zweite Akt der Oper »Tosca« spielt im Palazzo Farnese,
einem prächtigen Gebäude der Hochrenaissance des 16. Jahrhunderts. Der Kardinal Farnese ließ es errichten und später
noch vergrößern, als er 1534 Papst wurde. Der Palast wurde
von Antonio da Sangallo begonnen, von Michelangelo vollendet und von Annibale Carracci mit Fresken geschmückt. Die
Librettisten Puccinis stellten sich vor, daß im ersten, dem
sogenannten »Nobelstock«, das Fest der Königin Maria Caro-

Die römische Kirche Sant' Andrea della Valle
(Stich von G. B. Falda, 1665)

lina stattfand, im zweiten Stock gleichzeitig die schicksalsschweren Auseinandersetzungen zwischen Cavaradossi und
Scarpia, die Folterung des Malers und schließlich die Erpressung Toscas durch den Polizeichef, bis diese in höchster Not
zum Messer greift und den Tyrannen ersticht.
Der dritte Akt Puccinis spielt auf der oberen Plattform des
Castel Sant'Angelo, der Engelsburg, die jeder Besucher Roms
im Gedächtnis behält: Es handelt sich um einen gewaltigen
Rundbau in Tibernähe, ein im Jahre 135 unserer Zeitrechnung
vom römischen Kaiser Hadrian errichtetes Mausoleum. Dieser
bedeutende Humanist – so würde man ihn wohl heute bezeichnen – dachte nicht nur an seine eigene Grabstätte, sondern
wollte hier ein Pantheon Gleichgesinnter stiften. Doch bald
nach seinem (drei Jahre später erfolgten) Tod wurde der Bau
zweckentfremdet zur fast uneinnehmbaren Festung ausgebaut
und gleichzeitig zum düsteren Kerker vieler Generationen. Die
Römer stürzten die herrlichen Statuen, die Hadrian gesammelt
hatte und die zumeist griechische Originale waren, von den

Zinnen des Kastells, um die andringenden Goten am Sturm zu hindern. In einer Chronik des Baus[1] wird weiter berichtet, daß hier Otto III. den Patrizier Crescentius umbringen und Heinrich IV. den Papst Gregor VII. einkerkern ließ; daß der Kardinal Vitelleschi, ehemaliger Gouverneur von Rom, hier an Hunger starb und Stefano Porcari, der Nachfolger Rienzis im Versuch der Wiederherstellung der antiken römischen Republik, ermordet wurde. Die Humanisten Platina und Pomponius Laetus waren hier als Ketzer eingekerkert, die Borgia pflegten an diesem Ort ihre Opfer zu beseitigen, der Kardinal Caraffa wurde hier erwürgt und die Cenci erfuhren an dieser Stelle ihr Todesurteil, Giordano Bruno ging von dieser Festung aus auf den Scheiterhaufen, Giacinto Centini wurde hier hingerichtet, des versuchten Mordes an Papst Urban VIII. durch Gift und Magie verdächtig.

Durch nicht weniger als achtzehn Jahrhunderte reihte sich hier Bluttat an Bluttat, bekannt gewordene Gewalt an namenlos gebliebene Grausamkeit. Wurde hier im Morgengrauen des 15. oder 16. Juni 1800 auch der Maler Cavaradossi erschossen, weil er der Fluchtbegünstigung des »Staatsfeindes« Angelotti überführt war? Es könnte durchaus sein. Weniger wahrscheinlich ist, daß Cavaradossis Geliebte, die Sängerin Floria Tosca, unmittelbar danach ihrem Leben durch Sprung von der Engelsburg in die Tiefe ein Ende bereitete. Ob diese Szene an den Schluß des Librettos angefügt werden sollte, bildete einen Streitpunkt unter den Autoren, die vielleicht davor ein wenig zurückscheuten, das Drama mit dem Tode aller drei Hauptpersonen enden zu lassen, ja sogar aller vier, wenn man Angelotti mitzählt. Um diesen Punkt kam es dann sogar noch zu einem – allerdings eher amüsanten – Streit zwischen Sardou auf der einen, Puccini und seinem Textdichter Illica auf der anderen Seite. Der französische Dramatiker bestand darauf, Tosca müsse in diesem verzweifelten Augenblick von der Höhe des Kastells in den Tiber springen. Die Italiener erklärten ihm, das sei unmöglich, da zwischen der Burg und dem Fluß ein mindestens zwanzig Meter breiter Landstreifen liege. Sardou wollte das nicht gelten lassen: die Titelheldin müsse in den Tiber springen...

---

[1] »Concerto romano« von Reinhard Raffalt.

»Tosca« ist kein »historisches« Werk. Es ist aber auch keineswegs frei aus der Phantasie erfunden. Es besteht aus jener fesselnden Mischung von Geschichte und Dichtung, die so vielen Opern zugrunde liegt, ja sie vielleicht besonders reizvoll macht.

Zur Geschichte der Oper »Tosca«

Nach dem nicht eindeutig erfolgreichen ersten Abend der »Bohème« im Turiner Teatro Regio am 1. Februar 1896 hatte diese Oper sich doch überraschend schnell in das Gehör und Herz nicht nur halb Europas gesungen, sondern auch der Opernplätze in anderen Erdteilen, wie Buenos Aires, Los Angeles und Mexico. Der 1893 mit »Manon Lescaut« eingeläutete Welterfolg *Puccinis* entfaltete sich strahlend. Der noch nicht vierzigjährige Maestro genoß ihn sichtlich und liebte es, die »Bohème« in möglichst viele Theater persönlich zu begleiten.

Um diese Zeit stand der Stoff seiner nächsten Oper schon fest (was nicht sehr oft in seinem Schaffen vorkam). Am 24. November 1887 war in Paris ein neues Drama des damals berühmtesten aller lebenden französischen Theaterschriftsteller, *Victorien Sardou,* uraufgeführt worden. Es brachte eine historisch verknüpfte, wenn auch nicht als wirklich historisch anzusprechende Tragödie einer namhaften römischen Sängerin der Napoleonzeit auf die Bühne und nannte sie nach jener eher legendären als strikt geschichtlichen *Floria Tosca* »La Tosca«. Diese Rolle war von *Sardou* mit glänzendem Theaterinstinkt der größten französischen Tragödin sozusagen auf den Leib geschrieben: *Sarah Bernhardt.* Der Erfolg war überwältigend, obwohl oder vielleicht gerade weil das Stück von selten erlebtem, grausamem Naturalismus strotzte. *Puccini* sah das Drama in Mailand und war trotz seiner mangelhaften Französischkenntnisse gepackt. Er wird noch des öfteren im Leben – darin seinem großen Vorbild *Verdi* verwandt – gerade jene Theaterstücke für gute Opernsujets halten, die ihn ohne Verständnis der einzelnen Worte, nur von der sichtbaren Dramatik und Charakterzeichnung her zu fesseln vermochten. Puccini stand damals knapp vor der Uraufführung seiner zweiten Oper, »Edgar«, und wandte sich mit folgendem Schreiben im Jahre 1889 an seinen Verleger *Giulio Ricordi*, der ihn vor kurzem unter seine Fittiche genommen und ihm damit aus einer schon fast chronischen Notlage geholfen hatte: »Ich denke daran, ›Tosca‹ zu vertonen. Ich beschwöre Sie, sofort die nötigen Schritte zu unternehmen, um die Erlaubnis *Sardous* zu erhal-

Victorien Sardou,
der Schöpfer des Dramas »La Tosca«

ten. In dieser ›Tosca‹ sehe ich den Opernstoff, der genau für mich geeignet erscheint...« *Sardou* aber, dessen Stücke damals eine Hochflut von Aufführungen erlebten, und der vor allem wußte, daß *Sarah Bernhardt* dieses Stück noch mehrmals rund um die Erde tragen würde, wollte sich keinesfalls mit einer Vertonung sozusagen selbst Konkurrenz machen. Er lehnte diskussionslos ab.

Einige Jahre später dachte ein anderer italienischer Opernkomponist, *Alberto Franchetti,* an den gleichen Stoff. Und dieses Mal erreichte *Ricordi* mehr: *Sardou* erlaubte gnädigst die Umwandlung seiner Tragödie in ein Werk des Musiktheaters. *Franchetti* ging an die Arbeit; er gehörte zu jener Musikergruppe, die sich »Das junge Italien« nannte, war 1860 in Turin geboren – somit um zwei Jahre jünger als *Puccini* – und hatte 1888 mit »Asrael« in Reggio Emilia solchen Erfolg gehabt, daß die Stadt Genua, angebliche Heimat des Seefahrers *Christoph Columbus,* ihn beauftragte, für die Vierhundertjahrfeier der Entdeckung Amerikas eine Festoper über ihren großen Sohn zu schreiben (»Cristoforo Colombo« 1892). Als Librettisten gewann *Alberto Franchetti* den ausgezeichneten *Luigi Illica,*

Plakat der Uraufführung
von Sardous Schauspiel
»La Tosca« im Pariser
Théâtre Sarah Bernhardt

der bald seinen höchsten Ruhm in der Zusammenarbeit mit *Puccini* erreichen sollte.

Illica fuhr mit *Franchetti* nach Paris, um *Sardou* seinen Entwurf zu zeigen. Bei dieser Zusammenkunft war niemand Geringerer als *Giuseppe Verdi* anwesend, der sich gerade in Paris befand. Er kannte *Sardou*, und es ist überliefert, daß er dem französischen Autor einmal sagte: »Ich würde eines Ihrer Dramen von ganzem Herzen gern komponieren, die ›Tosca‹, aber ich bin nun zu alt...« Das war nach dem »Othello«, aber vor dem »Falstaff« gewesen, mit dem der legendäre Großmeister seine Opernlaufbahn im Jahre 1893, achtzigjährig, abschließen sollte. Und er wollte dies wohl nicht mit einem so blutrünstigen Sujet tun, sondern mit der gelösten Heiterkeit eines musikalischen Lustspiels, das in den Worten gipfelte: »Alles auf Erden ist nur Spaß...«

Aus dieser Zusammenkunft der drei Italiener mit *Sardou* wurde bekannt, daß *Verdi*, der der Lesung *Illicas* interessiert zugehört hatte, bei der Stelle, in der (im letzten Akt) *Cavaradossi* vor seiner Hinrichtung vom Leben Abschied nimmt, dem Librettisten das Manuskript in tiefer Bewegung aus der Hand nahm und selbst weiterlas. Hier standen einige Zeilen, in denen der junge Maler bedauerte, nicht weiter der Kunst dienen zu können, die sein höchstes Ziel gewesen. (Es ist das genau jener Punkt, über den es später zwischen Librettist und Komponist zu wildem Streit kommen wird. Nur daß der Komponist dann nicht mehr *Alberto Franchetti* heißen sollte, sondern *Giacomo Puccini*.)

Puccini erfuhr – es muß 1896 gewesen sein –, daß *Franchetti* an der »Tosca« zu schreiben begonnen hatte. Und nun ereignete sich etwas, was bei einem spontanen Menschen und noch dazu einem Liebhaber-Typus wie *Puccini* durchaus psychologisch verständlich ist: »Tosca«, die ihn lange nicht mehr interessiert, ja die er aufgegeben hatte, fesselte ihn genau dann von neuem, als ein anderer Bewerber auf den Plan getreten war. Nun mußte er sie »wiederhaben«. Es scheint, daß *Illica* seine Hand dazu bot: Trotz der mitunter sehr stürmisch verlaufenden Beziehung zwischen *Puccini* und ihm bestand nicht nur eine sehr feste Freundschaft, sondern *Illica* war zutiefst davon überzeugt, daß dieser Stoff bei dem ungleich stärker begabten *Puccini* in besserer Hand wäre als bei *Franchetti*. Auch *Giulio Ricordi* war dieser Meinung: Er hatte es sich vorgenommen, *Puccini* als Nachfolger *Verdis* aufzubauen und setzte nun seine überragende Intelligenz, seinen musikalischen Verstand und die beträchtlichen Machtmittel seines Hauses dafür ein. Er unterstützte *Illica* bei diesem Unternehmen, und der Librettist scheint *Franchetti* die Begeisterung für »Tosca« höchst diplomatisch ausgeredet zu haben. Der Musiker wurde überzeugt, daß gerade dieser Stoff ihm nicht zusage. Er legte dies in einem Brief nieder, in dem er auf die Vertonung verzichtete und den *Illica* gleich darauf *Puccini* überbrachte. Sofort schloß *Ricordi* mit dem neuen Komponisten nun den notwendigen Vertrag ab, *Sardou* wurde vom Wechsel verständigt, hatte aber – nun nach *Puccinis* Erfolgen mit »Manon Lescaut« und »La Bohème« – nichts einzuwenden.

In der Folgezeit kamen *Puccini* und *Sardou* mehrmals zusammen. Der Musiker verweilte, als er viel später dem Chronisten und Biographen *Arnaldo Fraccaroli* aus seinem Leben erzählte, gern bei der Schilderung des französischen Dramatikers: »Das war ein gewaltiger Mensch. Er hatte die Siebzig überschritten, aber besaß mehr Energien und Überzeugungskraft als ein Junger. Er war zudem ein unermüdlicher Plauderer, spitzfindig, elegant, eindringlich. Er konnte stundenlang reden, ohne jemals sich selbst oder andere zu ermüden. Wenn er historische Themen aufgriff, war er wie eine unversiegbare Quelle. Er besaß einen unerschöpflichen Reichtum an glänzenden Anekdoten. Viele hat er wohl selbst im Augenblick erfunden, aber sie schienen durchaus glaubhaft. Manche unserer Begegnungen wurde zu einem einfachen Monolog Sardous. Das war zwar wirklich fesselnd, aber es trug nicht viel zum Fortschritt unserer ›Tosca‹ bei. Doch zeigte er sich von Anfang an sehr vernünftig und akzeptierte die Streichung eines der Akte sowie die Zusammenziehung des Kerkerbildes mit dem der Hinrichtung . . .«

Zur dichterischen Ausführung des Textbuchs war inzwischen, wie schon bei »Bohème«, der bedeutende Poet *Giuseppe Giacosa* hinzugezogen worden. *Illica* und *Giacosa* verstanden einander glänzend, und *Puccini* schätzte beide hoch ein. Trotzdem pflegte es bei jeder Zusammenarbeit zu neuen Konflikten zu kommen. Sowohl *Puccini* wie *Illica* besaßen heftige Charaktere. Manchmal war es nur dem besonneneren *Giacosa* zu verdanken, daß sie nicht handgreiflich aneinandergerieten.

Giacomo Puccini (links) mit seinen beiden Textdichtern Giuseppe
Giacosa (Mitte) und Luigi Illica (rechts)

Aber es kam auch vor, daß die gemeinsamen Arbeitstagungen
der Drei in so völligem Zerwürfnis endeten, daß es aller väterli-
chen Milde und bewährten Diplomatie des rasch angerufenen
Giulio Ricordi bedurfte, um den Frieden wiederherzustellen.
Sardou zeigte sich von der Bearbeitung seiner »Tosca«, wie
Illica und *Giacosa* sie vorgenommen hatten, begeistert. Nur
über einen Punkt schien eine Übereinkunft unmöglich. *Sardou*
bestand darauf, daß Tosca sich von der Engelsburg direkt in
den Tiber stürze. Die Italiener bezeichneten das als undenkbar,
da der Strom nicht unmittelbar an der Festung vorbeiflösse.
Sardou suchte einen Plan von Rom und wollte es auf diese Art
beweisen, wobei er sich in eine gewaltige Rede steigerte, die
niemand zu unterbrechen wagte. Er nahm einfach den schma-
len Landstreifen zwischen Tiber und Castel Sant'Angelo nicht
zur Kenntnis. (Heute verläuft auf ihm eine breite Straße.)
Puccini fand ihn, in seiner Erinnerung, großartig.
Nicht weniger großartig allerdings waren seine finanziellen
Forderungen: zuerst einmal 50 000 Francs Honorar. Das war
ein Mehrfaches von dem, was für eigens geschriebene Libretti
selbst von sehr namhaften Literaten verlangt wurde. Und hier

handelte es sich ja um ein längst geschriebenes Stück, das zudem von anderen bearbeitet wurde, also von *Sardou* keine Arbeit erforderte.

Dazu forderte der Dramatiker für sich allein noch die völlig ungewohnte Beteiligung von 15% Einnahmen der »Tosca«-Aufführungen. Üblich waren höchstens zehn Prozent, und diese wurden zumeist zwischen Librettist und Komponist geteilt. Schließlich kam es zu einem Übereinkommen, *Ricordi* war sehr reich und nicht kleinlich, und die Zusammenstellung der Namen *Sardou* und *Puccini* versprach einen Welterfolg. Der schlechte Ruf, den *Sardou* als »effektsuchender Stückeschreiber« unter den Literaten seines Vaterlands hatte und dem er selbst stets lächelnd mit der Statistik seiner zahllosen Aufführungen und deren äußerst hohen Besucherzahlen entgegentrat, brauchte die Verfechter dieser Opernidee nicht zu beunruhigen; es waren im übrigen genau die gleichen Vorbehalte, die man von seiten mancher Musikkreise gegen *Puccini* hörte...

Im Verlauf der Arbeit erfuhr das Textbuch der Oper noch manche Änderung. Eine der wichtigsten betraf die völlige Umarbeitung der »Abschiedsarie« Cavaradossis. Sie war ursprünglich von *Illica*, wie wir sahen, als fast philosophische Abhandlung über die tragische Kürze des Künstlerdaseins und die Unerreichbarkeit der Ideale entworfen worden. Als der Librettist dem Komponisten die Stelle zum ersten Male vorgelesen hatte, unterbrach er sich und fragte, ob dies nicht ein prächtiges Gedicht sei. Puccini schüttelt den Kopf: ein schönes Gedicht vielleicht, aber völlig fehl am Platz. Ein Wort gibt das andere, die Diskussion wird immer erregter. Schließlich stößt *Illica* fast verzweifelt die Worte hervor: »Was denn willst du den Tenor in diesem letzten Moment seines Lebens singen lassen?« Und *Puccini*, nun sehr ruhig geworden, setzt dem Freund auseinander: »Ich bin sicher, daß dieser junge, lebensfrohe Künstler, zum Tode verurteilt nur noch an eine einzige Sache mit höchster Inbrunst denken kann: an seine große Liebe zu Tosca, an diese zugleich süße und rasende Leidenschaft, die ihn beherrscht, an diese Frau, liebende Frau, die ihn in vergangenen Nächten zärtlich in ihre Arme genommen hat und deren berauschenden Duft er immer noch um sich zu spüren meint. Keine philosophischen Gedanken in diesem Augenblick! Bist du denn niemals verliebt gewesen?«

Illica erwidert, immer noch mit bösem Zähneknirschen: »Und du bist ja niemals zum Tode verurteilt worden...« Doch *Puccini* setzt unbeirrt fort: »Mache jetzt keine Witze! Ich sage dir, daß in diesem entscheidenden Augenblick nur eine einzige Sehnsucht dem armen Mario Cavaradossi Tränen abpressen kann: der Gedanke, daß er die Frau, die er liebt und die ihn liebt und die in diesem Augenblick um ihn leidet, verlassen muß. Ich glaube, daß in seiner Erinnerung die Vision der glücklichen Stunden ihrer leidenschaftlichen Liebe aufsteigen muß, draußen in seiner Villa... Er erlebt gewissermaßen nun, in seinen letzten Gedanken, jene glühenden Liebesstunden noch einmal... Ungefähr so:«

Und *Puccini* setzte sich ans Klavier und improvisierte einen Text zu der Melodie, die er für diese Arie schon vorgesehen hatte. *Illica* hörte ihm verwundert zu. Dann stritten sie noch eine Weile, *Illica* zog seinen Mantel an und ging, wobei er die Wohnungstüre, wie gewohnt bei solchen Gelegenheiten, mit besonderer Heftigkeit zuwarf. *Puccini* lief zu *Giacosa*, der sich, beeindruckt von der Begeisterung seines Komponisten, ganz auf dessen Seite schlug und versuchte, die richtigen Worte für die Arie zu finden. Doch zwei Textstellen ließ er unverändert, so wie *Puccini* sie im ersten Ansturm seiner Gedanken gefunden hatte. Es sind die »languide carezze«, die mit »o dolci baci« des Anfangs das Bild der unendlichen Zärtlichkeit jener Begegnungen heraufruft. (Hier hat es die deutsche Übersetzung schwer: die italienische Sprache kann in elf Silben mehr Zärtlichkeit und Sehnsucht unterbringen als die deutsche.) Und der schmerzliche Aufschrei Cavaradossis gegen Ende: »Muoio disperato« (Ich sterbe in Verzweiflung) blieb ebenfalls in der endgültigen Fassung stehen. *Puccini* betonte seinen »Beitrag zum Text der Oper« stets lächelnd, aber nicht ganz ohne Stolz...

Giacosa war übrigens von der Arbeit an der »Tosca« keineswegs entzückt –, ganz im Gegensatz zur »Bohème«, von der er seit Anbeginn überzeugt gewesen war. Es gibt verschiedene Briefe *Giacosas* an *Ricordi*, in denen er seinen Unmut offen ausspricht: »... Seit zwei Monaten beschäftige ich mich mit nichts anderem als mit ›Tosca‹... Ich bin zutiefst überzeugt davon, daß dies kein Stoff für eine Oper ist. Beim ersten Lesen mag sie so erscheinen, wegen der Klarheit und Dramatik der

Vorgänge. Dieser Eindruck verstärkt sich noch, wenn man die geschickte Zusammenfassung von *Illica* liest. Doch je länger man sich in die Handlung vertieft und in jeder Szene danach sucht, wo lyrische und poetische Stellen zu finden seien, desto mehr überzeugt man sich davon, daß dieses Sujet für das Musiktheater untauglich ist... Es ist ein Drama heftigster Gemütsbewegungen, aber gänzlich ohne Poesie... Obwohl ich von diesem grundlegenden Mangel überzeugt war, habe ich die Arbeit übernommen, – Ihnen zu Gefallen und mit dem größten Eifer. Ich glaube aber nicht, daß ich das rasch herunterschreiben kann. Wenn Sie, Illica und Puccini zu mir gekommen sind, dann wohl deshalb, damit ich dem Libretto die richtige poetische Form gäbe. Habe ich das aber nicht erreicht, so ist meine Beteiligung an dem Werk völlig sinnlos. Der Zwang, komplizierte Vorgänge in einen Ablauf von wenigen Minuten zu konzentrieren, ist sehr schwierig und mühsam. Jede Szene kostet mich ungeheure Mühe, denn ich muß alles mehrmals schreiben, da ich nichts aus der Hand geben will, mit dem ich nicht restlos zufrieden bin... Ein künstlerisches Werk ist nicht das Ergebnis handwerklicher Arbeit, die sich in einem Tag ausführen ließe...«

Giacosa schüttet so sein übervolles und empfindsames Herz dem einzigen Schiedsrichter aus, den es bei der Schaffung von *Puccinis* Opern gibt: dem Verleger. Er bietet an auszuscheiden, wenn *Ricordi* jemand anderen beauftragen wolle, ja ist sogar bereit, einen Teil des erhaltenen Vorschusses zurückzuzahlen. Der Verleger geht darauf gar nicht ein, er weiß genau, was er an dem überaus feinsinnigen und formvollendeten Dichter *Giacosa* hat. Er weiß es auch beim glänzenden Theaterpraktiker *Illica*, der bei jeder neuen Oper wohl ein halbes Dutzend Male mit dem Rücktritt droht und behauptet, eine Zusammenarbeit mit *Puccini* sei völlig unmöglich, da der niemals zufriedenzustellen sei. Die »Verzichte« der beiden Textdichter nimmt *Giulio Ricordi* nicht tragisch, er kennt die beiden so verschieden gearteten Männer gut und weiß, daß er sich letzten Endes fest auf sie verlassen kann. Er kennt auch genau den Stil der Briefe, mit dem er sie beide an den gemeinsamen Arbeitstisch zurückholen kann.

Schlimmer ist es bei *Puccini*. Da hat der Verleger oft seine liebe Not. Denn der Musiker ist es, der ganz plötzlich die Lust an etwas verlieren kann, was ihm kurz zuvor noch große Freude bereitete. Die Welt kennt natürlich nur die vollendeten Werke aus seiner Feder, aber sie weiß zumeist nichts von den vielen Plänen, die *Puccini* faßte und nach einiger Zeit wieder verwarf, nichts von der Zusammenarbeit mit – zum Teil berühmten – Autoren (wie *Gabriele d'Annunzio*), die oft mühsam in die Wege geleitet werden mußte, Verhandlungen wegen Stoffen und Beteiligungen notwendig machte, ja sogar schon Geld kosten, um Rechte zu sichern, und die zuletzt ergebnislos aufgegeben wurden. Nein, der Umgang mit *Puccini* ist für den Verleger wie für seine Mitarbeiter nicht leicht. Aber sie wissen, daß sie es fraglos mit einem Genie zu tun haben; und von dieser seltenen Menschengattung gilt – nicht immer zu Recht – die Regel, sie sei unberechenbar.

Der Textentwurf zu »Tosca« stand zu Ende des Jahres 1896 fest: zu erwarten waren lediglich die oft einschneidenden Änderungen, die der Komponist während seiner Arbeit noch fordern würde. Die entsprangen auch keineswegs seinen gefürchteten Launen, sondern waren zumeist Anpassungen, deren Notwendigkeit sich erst im Zusammenhang mit der Musik herausstellen konnte. Gegen Ende dieses »Bohème«-Jahres 1896 berichtete *Puccini* an *Ricordi* in einem Schreiben von den »Fortschritten«, die das neue Werk mache. Als der Verleger nach Einzelheiten dieser Fortschritte fragt – nicht aus Neugier, sondern um disponieren zu können, wann etwa sein Haus sich ganz auf die neue Oper einzurichten haben werde – stellt sich heraus, daß es sich nur um Skizzen handelt und von einer wirklichen »Arbeit« noch keine Rede sein konnte. Die wirkliche »Arbeit«: das waren die vielen Monate, in denen um jede Note, jeden Takt, jede Phrase, jede Melodie mit den dazugehörenden Harmonien, jede Nuance der Instrumentation buchstäblich gerungen werden mußte, in denen der Komponist sich ganz abzukapseln hatte von allem, was ihn ablenken könnte, um nur dem Werk zu leben, das auf den wunderbaren Wegen der Inspiration da sozusagen aus dem Nichts langsam und geheimnisvoll ins Leben trat.

Das Jahr 1897 bringt verschiedene Reisen und damit war eine zusammenhängende Arbeit an »Tosca« unmöglich. Paris, London, Brüssel, von dort nach Gent, wo der große flämische Dichter *Maurice Maeterlinck* lebte; *Puccini* wollte mit ihm über

eine Vertonung seines Dramas »Pelléas und Mélisande« sprechen, doch kam er mit dieser Idee (um einige Jahre) zu spät, da
seit 1892 *Claude Debussy* an einer solchen arbeitete. (Sie
erscheint 1902 auf der Bühne und erregt als erste völlig »impressionistische« Oper berechtigtes Aufsehen.) Den Höhepunkt
der Reise bildete eine glänzende »Bohème«-Aufführung in
Manchester. Nach Italien zurückgekehrt, fand *Puccini* nicht
viel Zeit zu konzentriertem Schaffen, vielleicht suchte er sie
auch nicht, da er innerlich zu unruhig war; wahrscheinlich stand
das neue Werk auch noch nicht mit genügend klaren Umrissen
vor seiner Seele. In jenen Tagen, so wird überliefert, klopfte
ein junger Tenor aus Neapel an das Haustor von Torre del
Lago, und niemand wußte so recht, wie er dorthin gefunden
hatte. Sein höchster Wunsch war, in Livorno den Rodolfo in
der »Bohème« zu singen. Um seine Befähigung nachzuweisen,
stimmte er in *Puccinis* Villa sofort dessen große Arie »Che
gelida manina« (»Wie eiskalt ist dies Händchen«) an. Nach
wenigen Tönen war *Puccini* gefesselt und konnte am Schluß nur
die Worte hervorbringen: »Wer hat Sie zu mir geschickt? Der
liebe Gott persönlich?« Der junge Tenor hieß sehr gewöhnlich,
wie wahrscheinlich tausend junge Männer in Italien, *Enrico
Caruso*, aber er machte diesen Namen zur unvergänglichen
Legende. (Daß Puccini später oft genug Ärger mit dem begna-
deten Sänger haben sollte, ihn »faul und schwerfällig im Lernen
neuer Partien« nannte, steht auf einem anderen Blatt.)
Puccini, obwohl ein echter Südländer, vertrug Hitze nicht gut.
Und sein Wohnsitz am Gestade des flachen Sees war im Sommer ein Glutofen. Noch immer brütete die Sonne über Torre
del Lago, als *Puccini* am 18. September dieses Jahres 1897 nur
zu gern die Gelegenheit ergriff, nach Wien zu reisen, wo die
»Bohème« in Szene gehen sollte. Interessanterweise nicht in
der Hofoper, der seit diesem Jahr *Gustav Mahler* vorstand,
sondern im Theater an der Wien. *Mahler* hatte 1892 als Kapell-
meister in Hamburg *Puccinis* erste Oper »Le Villi« dirigiert und
dabei wahrscheinlich keinen überzeugenden Eindruck von
Puccinis Musik erhalten. Nun auf einem der führenden Posten
des internationalen Musiklebens entschied er sich, in der Wahl
zwischen den beiden »Bohème«-Vertonungen durch *Puccini*
und *Leoncavallo*, für die letztere und leistete sich damit einen
der schlimmsten Fehlschläge seiner zehnjährigen, mit goldenen

Buchstaben in die Annalen der Operngeschichte eingegange-
nen Direktionszeit in Wien. *Puccinis* Werk aber erzielte erneut
einen stürmischen Erfolg und lockte ungewöhnlich große
Hörermengen in das alte Theater an der Wien.

Zu Anfang des Jahres 1898 findet *Puccini* immer noch keine
Ruhe. Er reiste nach Paris, wo die Premiere der französisch
gesungenen »Bohème« bevorstand. Die Opernverhältnisse
hatten sich hier seit *Verdis* und *Wagners* Zeiten nicht geändert,
sie schienen *Puccini* geradeso trostlos wie seinen Vorgängern,
die hier Unsägliches gelitten hatten. Es gab Intrigen, Absagen,
Erkrankungen, Verschiebungen, aber dann doch eine besonders schöne Aufführung, die vom Publikum bejubelt und sogar
von der Presse zum großen Teil anerkannt wurde, mit der
Einschränkung allerdings, ein französischer Komponist hätte
aus diesem rein französischen Stoff wohl etwas noch viel Besse-
res gemacht...

Ein Besuch bei *Sardou* verlief wieder interessant und so amüsant wie die früheren. *Illica* war anwesend, der kurz vor der
Premiere nach Paris gekommen war. Der Musikschriftsteller
Lucio d'Ambra hat das Gespräch angeblich wörtlich aufge-
zeichnet und publiziert:

Puccini: »Vielleicht wäre es besser, wenn ein Franzose Ihr
Drama vertonte...«

Sardou: »Nein, ein Italiener ist richtig. ›Tosca‹ spielt in Rom,
sie braucht Ihren echt italienischen Gesang.«

Puccini: »Unser großer Meister Verdi dachte einmal an die
Vertonung der ›Tosca‹. Aber er hat es aufgegeben, ein Beweis
dafür, daß der Stoff ihn abgeschreckt hat. Können Sie sich
vorstellen, daß auch ich Angst habe?«

Sardou: »Verdi wurde nicht abgeschreckt, er ist nur alt und
müde. Aber gerade daß ein so berühmter Opernkomponist wie
er von ›Tosca‹ überzeugt war und in meinem Drama den
Vorwurf für eine gute Oper gesehen hat, sollte Ihnen Mut
machen!«

Puccini: »Auch Franchetti wollte eine ›Tosca‹ schreiben und
hat es aufgegeben...«

Sardou: »Mein lieber Maestro, das hat überhaupt nichts zu
bedeuten. Gerade daß zwei Komponisten die Vertonung der
›Tosca‹ in Erwägung gezogen, ist der beste Beweis für deren
Lebenskraft.«

Puccini: »Aber meine Musik ist zarter und leichter, ist von ganz anderer Art...«

Sardou (schreiend): »Hier handelt es sich nicht um die Art! Hier geht es nur um das Talent!«

Puccini: »Meine früheren ›Heldinnen‹ Manon und Mimi sind ganz andere Frauen als Tosca...«

Sardou: »Manon, Mimi, Tosca... das ist doch im Grunde dasselbe. Verliebte Frauen gehören alle zur gleichen Familie. Ich habe Marcella und Fernanda geschaffen, Theodora und Kleopatra... und alle sind im Grunde die gleichen Frauen...«

Endlich konnte *Puccini* aus Paris heimkehren. Die lange Untätigkeit hatte heftige Arbeitslust in ihm geweckt. Der Sommer 1898 stand vor der Tür. Da erkannte er mit Schrecken, daß einerseits von »Tosca« noch so gut wie nichts geschaffen war, andererseits aber, daß er in seinem geliebten Torre del Lago nicht die nötige Ruhe finden würde, um das Werk zu fördern. Im Sommer pflegten viele Freunde zu Gast bei ihm einzukehren, Familienangehörige *Elviras*, seiner Lebensgefährtin, kamen in größerer Zahl und blieben einfach da, solange es ihnen behagte, was die schon problematisch gewordenen Beziehungen zwischen dem Paar nicht eben verbesserte. *Puccini* beschloß, in das leerstehende Landhaus eines Freundes zu ziehen, das ein wenig »außer der Welt« lag: im kleinen Ort Monsagrati, versteckt in den Hügeln um Lucca. Heute kündet ein Gedenkstein neben dieser »Villa Mansi«, daß hier *Puccini* den ersten Akt seiner »Tosca« schrieb. Der Wohnort war still, wie *Puccini* gewollt, aber auch so einsam und ohne jede Naturschönheit ringsum, daß er zwar nicht dem angespannt beschäftigten *Puccini*, wohl aber *Elvira* und deren Tochter aus erster Ehe, *Fosca* – die übrigens *Puccini* sehr ans Herz gewachsen war – wie ein Gefängnis schien. Die Frauen zerbrachen sich den Kopf, wie sie aus dieser Einöde so bald wie möglich ausbrechen könnten. Daß sie dabei auch auf absurde Ideen verfielen, darf ihnen kaum angekreidet werden. Im Ort ging seit langem die Mär um, die Villa beherberge Gespenster. Und so spielten sie, mit Hilfe von Hausangestellten und Bekannten »Gespenster«, um *Puccini* zur baldigen Heimkehr nach Torre del Lago zu veranlassen. Der Komponist bemerkte die »Gespenster« lange Zeit überhaupt nicht, da er gänzlich in seiner neuen Oper aufging. Da wurden die »Gespenster« kühner und huschten nächtlicherweile nahe an *Puccinis* Arbeitstisch vorbei. Plötzlich griff dieser zu – und erwischte einen Schnurrbart, dessen Besitzer laut aufschrie. Es gab zwar nun keine Gespenster mehr, aber auch *Puccini* war in seinem Entschluß, bis in den Spätherbst hier auszuharren, wankend geworden.

Am 18. August begann *Puccini* sich mit dem Finale des ersten Aktes zu beschäftigen, jener großartigen Szene, in der Scarpias bösartige Gedanken verratende Stimme sich als dämonischer Kontrapunkt in die Feierlichkeit des kirchlichen Tedeums mischt. *Puccinis* Kenntnisse der katholischen Festesregeln reichten nicht sehr weit. Eine seiner Schwestern war ins Kloster gegangen, aber sie schien ihm bei dieser Gelegenheit nicht die richtige Beraterin. (Er wird sie allerdings fast zwanzig Jahre später heranziehen, als er in »Suor Angelica« das klösterliche Leben schildern will.) Bei seiner Arbeit an »Tosca« wendet er sich an einen Freund, dem er mehr Vertrautheit mit der Liturgie zutraut. Und so schreibt er von Monsagrati aus an *Guido Vandini*: »Ich brauche eine Abschrift des Ecce sacerdos magnus. Geh zu irgendeinem Priester oder Mönch und schreibe es ab. Frage bitte außerdem, was die Geistlichen sprechen, wenn ein Bischof mit großem Gefolge von der Sakristei zum Hochaltar geht, um dort das Tedeum wegen eines militärischen Sieges anzustimmen. Ich habe vor, das gesamte Domkapitel oder sogar das Publikum in der Kirche das Ecce sacerdos magnus murmeln zu lassen, weiß aber nicht, ob das richtig wäre...« Doch er bekommt von *Vandini* keine Auskunft, auch nicht, als er ihm mit einem halb lustigen, halb bösen Schreiben die Sache nochmals ans Herz legt: Darin droht er, wenn der Freund selbst bei einem Bischof keine Auskunft erhalten sollte, einen Trauermarsch für die katholische Kirche zu schreiben und selbst Protestant zu werden, um fluchen zu können, soviel er wolle...

Als alles vergeblich war, tat er nichts von dem Angedrohten, sondern erinnerte sich eines Dominikanerpaters namens *Pietro Panichelli*, den er im Jahr zuvor zufällig kennengelernt hatte, und der ein Opernliebhaber war. Ihn fragte er nach der Stimmung der Glocken von St. Peter in Rom; er erhielt sie und verwendete dieses Wissen in der Partitur der »Tosca«. *Panichelli* konnte ihm dann noch viele Auskünfte geben, die für diese Oper wichtig wurden: die Choralmelodie des Tedeum in

Rom, die Tracht der Schweizergarden im Vatikan und die Prozessionsordnung bei großen Feierlichkeiten unter Anführung eines Bischofs oder Erzbischofs. Alle diese Kenntnisse sollten im ersten Akt der »Tosca« ihren Niederschlag finden. Dann kam er auf sein Hauptanliegen zu sprechen. Er schrieb: »Ich arbeite an ›Tosca‹ und schwitze wegen der Hitze und der Schwierigkeiten, die ich finde, die aber, wie ich hoffe, überwunden werden können. Ich möchte Sie um einen Gefallen ersuchen. Es handelt sich um den ersten Akt (beziehungsweise dessen Finale), in dem ein feierliches Tedeum vorkommen soll, mit dem eines Waffensieges gedacht wird. Die Szene ist so: aus der Sakristei kommt der Bischof, das Kapitel und andere Priester, die sich Platz zwischen der Menge bahnen, die dem Aufzug beiwohnt. Vorne an der Rampe steht eine Gestalt (der Bariton), im Selbstgespräch. Ich brauche, um die erforderliche Klangwirkung zu erzielen, gesprochene Gebete, die das Vorbeiziehen von Bischof und Kapitel begleiten können. Seien es diese, sei es das Volk, ich brauche Gemurmel mit unterwürfigen Stimmen und in voller Natürlichkeit, wie man eben Gebete murmelt, ohne Betonungen. Das Ecce sacerdos ist zu mächtig, um gemurmelt zu werden. Ich weiß recht gut, daß nicht gesprochen oder gesungen zu werden pflegt vor dem feierlichen Tedeum, das beginnt, wenn der Bischof den Altar erreicht hat. Aber ich wiederhole, ich möchte etwas Gemurmeltes, wenn der Zug von der Sakristei zum Altar schreitet, ob vom Kapitel oder von der Menge ist gleich. Besser sogar das letztere, weil es voller tönt. Bitte forschen Sie, suchen Sie, was sich eignet und schicken Sie es mir sofort...«

Panichelli erfüllt *Puccinis* Wünsche getreulich: das Ergebnis ist im Finale des ersten Akts der »Tosca« niedergelegt: Die Orgel hat eingesetzt, die Menge ist versammelt, die Schweizergarde bahnt der hohen Geistlichkeit einen Weg durch die Kirche, der Kardinal segnet die vor ihm Knienden. Und während Scarpia im Vordergrund seinen unheiligen Gedanken nachhängt, murmeln Geistliche und Volk lateinische Verse der Andacht und Verehrung, bis das Tedeum mächtig losbricht. Wußte der Dominikanerpater, zu welcher eigentlich blasphemischen Szene er unbewußt den Text geliefert hatte?

Am 22. September kehrte *Puccini* mit seiner Familie nach Torre del Lago zurück. Zu Anfang des Jahres 1899 unternahm

Michail Svetlev in der Wiener Tosca-Aufführung (1984) als Cavaradossi bei seiner berühmten Arie: »Und es blitzten die Sterne«

er eine neue Fahrt nach Paris. Es gab mehrere Aufführungen
seiner »Bohème« an der Opéra Comique und einige Unterre-
dungen mit *Sardou*. Schon im Februar ist er wieder zuhause und
arbeitet nun mit großer Beharrlichkeit am zweiten Akt der
neuen Oper. Und kaum war dieser am 16. Juli beendet, machte
der Komponist sich unverzüglich an den dritten. In den schon
geschilderten Kämpfen mit *Illica* war er eindeutig als Sieger
hervorgegangen: die Abschiedsarie des Cavaradossi, dieser
letzte Aufschrei eines Todgeweihten, war nun kein »philoso-
phischer Hymnus auf die Kunst« mehr, sondern die lebens-
echte, sehnsüchtige Liebeserklärung »E lucevan le stelle« (Und
es blitzten die Sterne) mit den von *Puccini* erfundenen Sätzen
von den »languide carezze« und dem Ausbruch »muoio disperato«. Am 29. September 1899 beendete *Puccini* den dritten
Akt und damit das ganze Werk. Man hat es oft mit jener
Jahrhundertwende in Beziehung gesetzt. Hat gemeint, es spie-
gele die »Dekadenz« einer Endzeit – um wieviel weniger hart
hört sich das gleichwertige französische Wort »décadence«
an! –, sei von der allgemeinen »Kulturmüdigkeit« einer der
größten abendländischen Epochen angesteckt, die sich dem

Giacomo Puccini,
im Alter von ungefähr 40 Jahren

Untergang zuneigte. »An der Schwelle des industriellen Zeitalters wurden *Puccinis* Melodien zum Abschiedsgesang einer ganzen Epoche«, so kündigt ein deutscher Verlag eine Biographie dieses Meisters an. Es ist hier nicht der Platz, dieses Urteil, das Positives neben Negatives stellt, näher zu untersuchen. *Puccini* war ein letzter »Belcantist«, ein letzter Melodiker, in dem eine jahrhundertelange glanzvolle Entwicklung zu Ende ging. Aber ist Schöngesang, ist Melodie nicht zeitlos? Werden sie nicht wiederkommen, so sicher wie alles wiederkommt – wenn auch manchmal in zeitgemäß veränderter Form – was Menschen beglückt und zu schöpferischem Tun angeregt hat? Wenn in *Puccini* eine Aera stirbt, so stirbt sie mit unendlichem Wohlklang auf den Lippen und tiefer Wehmut im Herzen.

Puccini war mit seiner »Tosca« zufrieden und schickte sie an *Ricordi*. Wie ein Blitz aus heiterem Himmel traf ihn dessen Antwort. Sie ist vom 10. Oktober 1899 datiert und lautet in ihren wichtigsten Gedankengängen:

». . . Ich habe mit klopfendem Herzen, aber mit völliger Offenheit und klarstem Bewußtsein den Mut, Ihnen zu sagen: Der dritte Akt der ›Tosca‹, so wie er dasteht, scheint mir in Entwurf

und Ausführung ein schwerer Fehler! Ein so schwerwiegender
Fehler, daß er meiner Ansicht nach den guten Eindruck des
ersten Aktes, die starken Wirkungen des zweiten Aktes – ein
wahres Meisterwerk an Wirkung und tragischem Ausdruck! –
zunichte machen könnte. Die Szene des Cavaradossi, der Auftritt der Tosca sind schön und wirkungsvoll, so wie die Erschießung am Schluß außerordentlich wirkungsvoll und ein großarti-
ger Einfall ist. Aber gütiger Gott! Was ist der entscheidende
Mittelpunkt des Aktes? Das Duett Tosca-Cavaradossi. Und
was finde ich hier? Einen zerrissenen Zwiegesang, mit unbedeutenden Einfällen, welche die Charaktere nur verkleinern.
Ich habe eine der schönsten Stellen lyrischer Poesie gefunden –
die der Hände – und sie ist einfach mit einer Melodie unterlegt,
die bruchstückhaft und zu anspruchslos ist, und, noch schlimmer, genau aus dem ›Edgar‹ übernommen wurde . . . Das, was
eine Hymne auf die Liebe sein sollte, – auf ein paar Takte
reduziert! Wo ist jener Puccini geblieben, der Meister der
edlen, warmen, kraftvollen Inspiration? Wo ist er? Hat seine
Phantasie in einem der entscheidenden Augenblicke des Dramas auf eine andere Oper zurückgreifen müssen? . . . Vielleicht
werden Sie mir jetzt antworten, daß ich verrückt bin, daß ich
mich täusche!! Und daß niemand die Sache besser beurteilen
kann als Sie selbst!! Wollte Gott, es wäre so! Ich wäre glücklich!
Und würde die härteste Strafe verdienen. Betrachte ich aber
alles mit kühlem Verstand, dann frage ich mich: Wie erklärt
sich die Wirkung, die der erste Akt in mir hervorruft, und das
heftige Gefühl im zweiten Akt? Und wie läßt sich zugleich der
Zweifel deuten, der schmerzliche Zweifel, der mich im dritten
Akt befallen hat? Bedenken Sie bitte, daß ich nicht nach dem
ersten Eindruck geurteilt habe! Ich habe einen ganzen Tag
verstreichen lassen und dann ein zweites, ein drittes Mal gelesen, wiedergelesen mit größter Konzentration und in dem
aufrichtigen Wunsch, ich möge mich geirrt haben. Doch war es
leider nicht so!! Und wenn unglücklicherweise mein Urteil
nicht falsch war, was wären die Folgen? Sie wären verheerend
für meinen Verlag, schlimm für Sie, was die materielle Seite
betrifft, – unermeßlich aber für die künstlerische, für den guten
Namen und den Ruhm Puccinis! Alles das geht mir so zu
Herzen, daß ich die ganze letzte Nacht nicht geschlafen
habe . . . Wenn Sie nun neuerlich in Ruhe den dritten Akt einer

242

Giacomo Puccini mit Tito Ricordi jun.

eingehenden Prüfung unterzogen haben werden und immer noch derselben Meinung sind, so werde ich Ihnen freudig folgen... Keine halben Sachen, keine kleinen Änderungen, sondern die gesamte Mitte des Duetts herausnehmen... O mein Gott, ist denn das möglich, daß für diese wundervollen lyrischen Augenblicke Giacomo Puccini nicht eine seiner zu Herzen gehenden Eingebungen haben sollte, die erheben und rühren und Tränen des Mitleids und der Zärtlichkeit hervorquellen lassen? O mein Gott, das muß Puccini doch gelingen?... Wunder bewirken die Heiligen, und Heilige gibt es nicht mehr!! Falsch: Sie gehören zu den Heiligen der Musik, und darum werden Sie ein Wunder bewirken!«

Leidenschaftlicher, bewegender ist wohl nie ein Autor beschworen worden. Doch *Puccinis* Ansicht über »Tosca« ist so gefestigt, daß er selbst diese sehr ernsten Einwände ablehnt. Auch sein Brief vom 12. Oktober 1899 ist sehr lang – wir bringen von beiden Schreiben kaum mehr als die Hälfte! – aber bemerkenswert ruhig und sachlich:

»Mein liebster Herr Giulio, Ihr Brief hat mir eine außergewöhnliche Überraschung verursacht! Ich bin aufs tiefste beeindruckt. Trotzdem raubt er mir nicht die Ruhe, denn ich bin fest davon überzeugt, daß Sie Ihre Meinung über den dritten Akt ändern werden, wenn Sie ihn nochmals genau durchsehen. Das ist nicht etwa Stolz von meiner Seite, es ist nur die Überzeugung, das Drama, das vor mir lag, mit der größten Inbrunst vertont zu haben, die mir möglich ist. Sie wissen ja selbst, wie gewissenhaft ich bei der Vertonung von Situationen und Worten bin und wie oft ich etwas abwäge, bevor ich es zu Papier bringe. Die Tatsache, daß ich ein Bruchstück aus dem ›Edgar‹ genommen habe, kann nur von Ihnen und den äußerst wenigen kritisiert werden, die das überhaupt erkennen können. Es könnte so aussehen, als ob ich mir damit nur die Arbeit hätte erleichtern wollen. Doch mir scheint (wenn man sich die Idee aus dem Kopf schlägt, daß da etwas aus einem anderen Werk übernommen wurde – aus dem vierten Akt des ›Edgar‹, der gar nicht gespielt wurde –), daß gerade diese Stelle voll von Poesie ist, die zu den neuen Worten paßt. Davon bin ich sehr fest überzeugt und auch Sie werden es sein, wenn Sie es auf der Bühne so hören werden, wie es gedacht ist. Was das Fragmentarische anbetrifft, das Sie im Duett bemängeln, so habe ich es gerade so gewollt. Das ist doch keine ruhige Situation wie bei anderen Liebesduetten! Tosca wird immer wieder beunruhigt durch die Sorge, ob Mario seine Komödie auch richtig spielen werde, wenn er zum Schein erschossen würde und wie er sich überhaupt gegenüber dem Erschießungskommando benehmen solle... Dieses Duett im dritten Akt war von Anfang an eine gefährliche Klippe. Meine Textdichter haben es nicht verstanden (besonders beim Schluß), mir etwas Gutes und vor allem Wahres zu liefern: alles war akademisch, akademisch und das übliche Liebesgeschwätz. Ich mußte mir alles selbst zurechtmachen, um zum Schluß zu gelangen, ohne die Zuhörer mit zu viel ›Akademie‹ zu langweilen... Der Maestro Mugnone hat diesen dritten Akt von mir gesungen gehört und war so begeistert, daß er ihn sogar dem vierten Bild der ›Bohème‹ vorzieht. Alle Freunde und Hausbewohner haben einen vorzüglichen Eindruck empfangen. Auch ich bin, mit allen meinen Erfahrungen, keineswegs unzufrieden damit. Ich verstehe wirklich nicht, wie diese Szenen auf Sie einen so schlechten Eindruck machen können. Bevor ich mich aber dazu zwinge, etwas zu ändern – hätten wir dazu überhaupt noch Zeit? – eile ich nach Mailand,

um mit Ihnen unter vier Augen zu sprechen... Ich betone
nochmals, daß das nichts mit Stolz zu tun hat. Es ist nur die
Verteidigung einer Arbeit, die ich sehr genau überlegt habe
und die mir außerordentlich viel Nachdenken verursacht hat.
Wir stimmen über den dritten Akt nicht überein; es geschähe
zum ersten Mal, daß wir uns über etwas nicht einigen könnten.
Aber ich hoffe, ja ich sage sogar: ich bin sicher, daß Sie Ihre
Ansicht ändern werden...«

Wir wissen nur, daß am dritten Akt nichts Wesentliches verändert wurde. *Puccini* erweist sich hier übrigens als der
»moderne« Künstler, seine Deutung greift psychologisch tiefer.
Giulio Ricordi ist hingegen noch der Vertreter des älteren
Opernstandpunkts, der selbst in der gespanntesten, seelenzer-
reißendsten Lage noch »Melodie«, noch Wohlklang in ununter-
brochenem Strömen verlangt. *Puccini*, so unsicher in vielen
Lebenslagen, so weich im Gemüt, war unerbittlich, wenn er
eine künstlerische Meinung verfocht. Und es ist müßig, darüber
nachzudenken, wie der dritte Akt der »Tosca« wäre, hätte er
dem Drängen seines Freundes und Verlegers nachgegeben, der
ihn wie einen Sohn liebte und fester an ihn glaubte als sonst
wohl irgend jemand von ähnlichem Musikverstand.

Die Uraufführung in Rom wurde für Mitte Januar 1900 festge-
setzt. Für diese Stadt hatte sich vor allem *Luigi Illica* eingesetzt:
Er meinte, dies sei eine »römische« Oper und so solle Rom die
Uraufführung hören. War sie es nicht auch im Bewußtsein
Puccinis, der bei der Komposition des Hirtenliedes, mit dem im
frühen Morgendämmern des Junitages der dritte Akt beginnt,
den römischen Dialekt und Anklänge an römische Folklore
verwendete? Zudem waren einem römischen Publikum alle
drei Schauplätze – Kirche Sant'Andrea, Palazzo Farnese,
Engelsburg – von Kind auf vertraut und darum wohl auch lieb.
Doch trotzdem erwies sich die Wahl der Hauptstadt zum Urauf-
führungsplatz als ungünstig, aus Gründen, die man allerdings
Monate vorher nicht ahnen konnte.

Im Januar 1900 lag starke politische Unruhe über Rom. Es gab
soziale Unrast, Streiks und Drohungen, die Gefahr eines Stur-
zes der Regierung ging dieses Mal über das übliche Maß hinaus,
da von vielen Beobachtern sogar eine Revolution nicht für
unmöglich gehalten wurde. Gegen *König Umberto I.* hatte es
bereits mehrere Anschläge gegeben. Würde er, wie es bei einer

solchen Gelegenheit eigentlich selbstverständlich war, am Abend der großen Premiere in der Oper erscheinen? Angesagt war lediglich der Besuch der Königin mit großem Gefolge, doch Freunde wie Feinde rätselten über die mögliche Anwesenheit des umstrittenen Staatsoberhauptes.

An diesem Abend des 14. Januar 1900 herrschte eine erregte Stimmung im Teatro Costanzi, wie das königliche Opernhaus Roms damals noch hieß. Die Unruhe der Straße setzte sich hier fort, und wer nicht aus politischen Gründen unruhig war, der war es aus künstlerischen. Seit langem wurde das große musikalische Ereignis kommentiert; nicht immer freundlich, denn *Puccini* besaß, wie jeder schnell aufgestiegene Künstler, nicht nur begeisterte Anhänger, sondern auch genug Neider, die manchmal als »strenge Kritiker« verkleidet waren. Eine Viertelstunde vor dem festgesetzten Beginn der Vorstellung klopfte ein hoher Polizeioffizier an die Garderobe, in der *Puccinis* treuer Freund und Helfer, der Dirigent *Leopoldo Mugnone*, bereits im Frack, nochmals die Partitur durchblätterte: »Bitte regen Sie sich nicht auf, Maestro, machen Sie sich auch keine Sorgen...« Eine seltsame Ermahnung von so ungewohnter Seite. »Und wenn sich irgend etwas ereignen sollte, unterbrechen Sie die Oper sofort und lassen den ›Königsmarsch‹ spielen...« (Die Marcia Reale war so etwas wie eine italienische Nationalhymne).

Mugnone wollte wissen, was damit gemeint sei. Der Polizeioffizier beruhigte zwar: »Oh, nichts weiter...«, aber er setzte dann hinzu: »Es wird so viel geredet... es gibt auch Gerüchte, wonach heute hier eine Bombe explodieren solle...« Schlimmeres konnte man dem Dirigenten kaum sagen: Vor nicht langer Zeit war in einem Theater von Barcelona, wo er eben dirigierte, ein Bombenattentat erfolgt, bei dem er zwar unverletzt geblieben war, ein Sprengkörper aber ganz in seiner Nähe mehrere Besucher in Stücke gerissen hatte. Doch *Mugnone* beherrschte sich und ging zur festgesetzten Zeit in den Orchesterraum und erklomm dort den Dirigentenstuhl –, mit welchen Gefühlen, läßt sich leicht vorstellen. Er wußte, daß seine Frau in großer Angst war; sie stand seitlich der Bühne und konnte, unbemerkt durch das Publikum, ihren Gatten beobachten –, sobald einmal der Vorhang aufgegangen war. Bis zu diesem Augenblick mußte sie zittern, und sie tat es. Ein Glück, daß diese Oper keine Ouvertüre hatte! Wenige gewaltige Orchesterschläge, und schon begann das Drama. Die Mitglieder des Ensembles hatten den Besuch des hohen Polizeifunktionärs in der Garderobe des Kapellmeisters bemerkt und nun durchliefen wilde Gerüchte ihre Räume. Im Theater selbst herrschte ungewöhnliche Nervosität, die weit über das übliche »Premierenfieber« hinausging. Ein einziger hatte keine Ahnung: *Puccini*. Er hat später diesen Abend oft geschildert: wie er auf die Bühne ging, um die offenkundig so unruhigen Künstler zu beschwichtigen. Keiner wagte, ihm etwas von den Gerüchten anzuvertrauen, er stand ein wenig verloren unter seinen Mitarbeitern. Der Saal hatte sich verfinstert. *Mugnone* hob den Taktstock, die Akkorde kommen fortissimo und präzise. Die Künstler beginnen aufzuatmen. Sie hören nicht, daß nach kurzer Stille im Theater Rufe und Murmeln laut werden, das stark spielende Orchester übertönt diesen merkwürdigen Lärm. Als der Klang bei Eintritt des Flüchtlings Angelotti leiser wird, bemerken alle Anwesenden den Lärm, der immer noch zunimmt und aus verschiedenen Ecken des großen Raumes zu dringen scheint. *Mugnone* blickt sich mehrmals um, Frau *Mugnone* bemerkt es und bricht in Schluchzen aus, *Puccini* herrscht sie an: »Wir sind doch keine Kinder!« und weiß immer noch nichts.

Da ruft eine befehlerische Stimme auf der Bühne: »Vorhang! Herunter den Vorhang!« Und der Vorhang fällt, während gleichzeitig, wenn auch langsam die Lichter im Zuschauerraum wieder angezündet werden. Große Verwirrung im Publikum, nicht geringere auf der Bühne. Ein paar Ängstliche sind an die Türen gelaufen. Doch bald stellt sich heraus, daß alles nur eine Folge der explosionsbereiten Nervosität war: einige Besucher waren, wie üblich, zu spät gekommen und hatten sich zu ihren Sitzen gedrängt. Die Protestrufe der anderen waren lauter als gewöhnlich erfolgt, manche weigerten sich, aufzustehen und es gab aufgeregte Debatten. Zehn Minuten dauerte es – erzählt *Puccini*–, bis der Saal von neuem abgedunkelt werden und das Orchester wieder beginnen kann. Die Bombendrohung war vergessen, die Ruhe wiederhergestellt, die Gemüter schienen ein wenig beruhigt. Die rumänische Sopranistin *Hariclée* (in Italien: *Hariclea*) *Darclée*, ein aufgehender Weltstar, beeindruckte schon bei ihrem ersten Auftritt, der Tenor *Emilio de*

Marchi gehörte zu den beliebten Sängern, die häufig in Rom zu hören waren. Beide hatten an großen internationalen Opernhäusern wichtige Rollen gesungen: die *Darclée* hatte 1892 die Titelrolle in *Catalanis* »La Wally« kreiert und 1898 jene in *Mascagnis* »Iris«. Doch zu stärkerer Publikumsbegeisterung kam es erst zu Ende des ersten Akts, als das großartige Tedeum mit dem dämonischen Kontrapunkt Scarpias die Gemüter so aufwühlte, daß diese gesamte Szene wiederholt werden mußte –, eine schöne und leider längst verschollene Gewohnheit früherer Opernzeiten . . .

In der Pause erschien die Königin, die durch einen Staatsakt verhindert gewesen war, dem ersten Akt beizuwohnen. Die Spannung bleibt während der grausamen Szenen erhalten, sie entlädt sich in einer gewaltigen Ovation, nach der großen Arie der Tosca, dem »Vissi d'arte«, das ihrer verzweifelten Tat, der Ermordung Scarpias, unmittelbar vorausgeht. Die *Darclée* wird bejubelt, und sie tut, was Sänger in damaliger Zeit bei solcher Gelegenheit zu tun pflegten: sie rief Puccini zu sich auf die Bühne, um den Applaussturm entgegenzunehmen. Natürlich ist der Komponist dann auch zu Ende des Aktes, genau wie schon nach dem ersten, mitten unter seinen Künstlern, um vor den Vorhang zu treten. Die Chronik berichtet hier von »drei Vorhängen«, um im Theaterjargon zu bleiben. Kein überwältigender Applaus also.

Ähnlich verlief der dritte Akt. Das Publikum brach nach den beiden lyrischen Stücken in starken Beifall aus: nach Cavaradossis berühmt gewordener Arie »E lucevan le stelle« (Und es blitzten die Sterne) und nach dem Liebesduett. Wieder muß *Puccini* – mitten im Akt! – auf der Bühne erscheinen, um den Applaus entgegenzunehmen. Und am Ende gibt es sieben »Vorhänge«, wie gewissenhaft gezählt wurde. Die Geschichte rechnet die der »Tosca« nicht zu den erfolgreichsten Uraufführungen, aber von »Enttäuschung« oder gar »Durchfall« zu sprechen, wie es manchmal geschehen ist, entspricht keineswegs den Tatsachen.

Die Presse war geteilt. Sie reichte von der Ablehnung (*Avanti*: »Tosca eignet sich nicht für Puccinis musikalisches Temperament«) bis zum hohen Lob (*Tribuna*: ». . . Tosca weist herrliche Musik auf, ihre Melodien sind stilvoll und zahlreich, ihre Orchestertechnik glänzend«). Viele Kritiker meinen, man müsse das Werk öfter hören, um es gerecht beurteilen zu können. Die meisten gehen mit dem Stoff und Text hart ins Gericht, meinen, sie böten dem Musiker, da sie Gewalt auf Gewalt häufen, zu wenig Möglichkeiten zu lyrischer Entfaltung. Das schien eindeutig gegen *Illica* gerichtet; der entlud denn auch all' seinen Zorn in einem Brief an *Ricordi*, in dem er sich wütend über den Komponisten ausspricht: Puccini habe das Textbuch ganz nach eigenem Gutdünken verunstaltet, habe Änderungen vorgenommen, ohne ihn überhaupt zu verständigen, kurz, seine immer schon gefürchtete Selbstherrlichkeit bis zum Äußersten getrieben. Da es so nicht weiter gehen könne, sei dies (natürlich) ein Abschied. Es wurde (natürlich) wieder kein Abschied, wie schon so oft zuvor. Zähneknirschend fügte schließlich auch *Illica* sich der in Italien unumstößlichen Tatsache, daß in der Oper »prima la musica, dopo le parole« kämen (wie es ein vielzitiertes altes Wort sagt), also der Musiker in jedem Fall »tonangebend«, entscheidend ist. Und der dritte der riesigen Welterfolge *Puccinis*, die »Madame Butterfly« wird ebenfalls wieder das hervorragende Dichterpaar *Illica* und *Giacosa* als Textautoren sehen.

Welterfolg. Nach der »Bohème« wird es nun »Tosca«, deren Popularität in einem wahren Erfolgssturm durch alle Opernländer lief. Es ist unmöglich, die Theater aufzuzählen, die in den folgenden Jahrzehnten bis heute jene Oper spielten, die an Tragik kaum zu überbieten ist und in der sich der nicht allzu häufige Fall ereignet, daß alle drei Hauptpersonen auf gewaltsame Weise ums Leben kommen: erdolcht, füsiliert und durch Selbstmord. Obwohl *Puccini* sehr bald an seine nächste Oper ging – »Madame Butterfly« –, nahm er sich doch wieder Zeit, mit seiner »Tosca« überallhin zu reisen, wo es nur möglich und geraten war. Selbst in Rom war sie nach der ereignisreichen Premiere mehr als weitere zwanzig Male vor stets ausverkauftem und jubelndem Hause gespielt worden. Und dann ereignete sich das gleiche überall, von New York und Buenos Aires bis Melbourne und über ungezählte große und kleine Theater in allen Ländern Europas. In Berlin gab es 1906 – mit der 1880 in Verona geborenen *Maria Labia* in der Titelrolle – einen mehr als hundert Abende anhaltenden Dauererfolg.

Doch die Freuden wurden immer mehr durch Symptome einer nachlassenden Gesundheit getrübt. Seit seiner Jugend war

Zwei legendäre Toscas: Maria Jeritza am Carltheater in Wien 1913

und Maria Callas an der Londoner Covent Garden Opera, 1964

Puccini ein Kettenraucher, völlig widerstandslos dem Nikotin hingegeben. Zur Zeit der »Tosca« stellte sich ein hartnäckiger Kehlkopfkatarrh ein, das Gift hatte bereits mehrere seiner Organe angegriffen. Am 25. Februar 1902 stürzte sein dieses Mal nicht von ihm, sondern von seinem jungen Chauffeur gelenktes Auto auf der vereisten nächtlichen Landstraße bei Torre del Lago um. *Puccini* wurde unter den Wagen geschleudert, der ihn durch einen glücklichen Zufall nicht erdrückte. Aber er atmete die Dämpfe aus dem geborstenen Benzintank ein und wurde bewußtlos. Schlimmer war, daß die Beinbrüche nicht heilen wollten: *Puccini* war, ohne es zu wissen, Diabetiker, und die Zehntausende von Zigaretten hatten in seinem ganzen Körper ihre unheilvollen Spuren hinterlassen. Von da an bleibt *Puccini* stets ein wenig leidend, und steigende Kehlkopfbeschwerden deuten bereits seine zwanzig Jahre später ausbrechende Krankheit an, die zum Tod führt: den Kehlkopfkrebs.

Im September gestatten die Ärzte dem Komponisten die Reise zur Pariser Premiere der »Tosca«. Mit dem Dirigenten *André Messager*, einem der wichtigsten Männer des französischen Musiklebens – Direktor der Opéra Comique, dann der Grande Opéra und Leiter der Uraufführung von *Debussys* bahnbrechendem »Pelléas und Mélisande« – freundete er sich an, das Ensemble seufzte zeitweise unter *Puccinis* Strenge, war aber vom Resultat entzückt. Der alte *Sardou*, immer noch energiegeladen und seiner Wichtigkeit bewußt, übernahm, ohne daß ihn jemand gebeten oder gar beauftragt hätte, die »szenische Leitung« –, als »Autor des Dramas«, wie er sagte. *Puccini* hat die sich dabei ergebenden Szenen später sehr amüsant geschildert: *Sardou* habe sich in alles eingemischt, was nur denkbar war; es habe nur noch gefehlt, daß er auch die Musik noch selbst komponiert hätte . . .

»Tosca« wurde auch in Paris zum stürmischen Publikumserfolg, was hier bei ausländischen Komponisten keineswegs die Regel war. Fachleute und Kritiker zeigten sich strenger als die Opernfreunde. *Debussy*, der anläßlich der »Bohème«-Premiere geschrieben hatte: »Wenn Monsieur Puccini sich auch vornimmt, die Atmosphäre der Gassen und des Volks von Paris nachzuahmen, so ist es doch italienischer Lärm, den er macht. Nun will ich ihm zwar keineswegs vorwerfen, daß er Italiener ist, aber warum zum Teufel muß es ausgerechnet die ›Bohème‹ sein?« Er kritisiert an »Tosca« nun die »beinahe vollständige Nachahmung unserer französischen Meister«. Das schmerzte *Puccini*, denn er hatte »Pelléas« gehört und einen außerordentlichen Eindruck mitgenommen.

Aus dem Jahr 1908 gibt es eine (unvollständige) Statistik der *Puccini*-Aufführungen. Danach war »Tosca« bis dahin – in acht Jahren also – von 53 französischen, zwölf spanischen, acht österreichischen, acht deutschen und drei Schweizer Theatern gespielt worden. Aus Osteuropa fehlen Zahlen, aber Rußland, Bulgarien, Rumänien sowie Skandinavien standen in der *Puccini*-Begeisterung dem westlichen Teil des Erdteils nicht nach. Ganz zu schweigen von England, das zu einer seiner Hochburgen geworden war. Die italienischen Bühnen, die »Tosca« sofort nachspielten, überstiegen die Zahl 100, wobei wahrscheinlich die kleinsten Provinzorte gar nicht mitgezählt werden. Selbst *Puccinis* bedeutendste Zeitgenossen auf dem Gebiet der Oper konnten sich darin mit ihm nicht messen: *Mascagni* und *Leoncavallo* erreichten ihn lediglich mit je einem Werk, während ihre übrigen Bühnenkompositionen nach ersten Erfolgsserien bald zurückfielen. *Ermanno Wolf-Ferrari* wurde viel gespielt, wenngleich seine Zahlen wesentlich unter denen *Puccinis* lagen. *Busonis* Opern wurden fast nur von Feinschmeckern geschätzt. *Debussys* »Pelléas und Mélisande« war zu esoterisch – und zu schwierig, um »Publikumsoper« zu werden. *Massenet* allerdings konkurrierte nicht erfolglos mit *Puccini*: seine »Manon« stand in vielen Städten in direktem Wettstreit mit der *Puccinis*; sein »Werther« war in vielen Ländern populär, auch andere seiner heute weniger gespielten Opern hatten ihre Liebhaber. Der berühmteste der deutschen Zeitgenossen, *Richard Strauss*, konnte es mit »Salome« und »Elektra« niemals auf vergleichbare Aufführungsziffern bringen, da diese Werke sowohl für die Sänger wie für die Orchester unvergleichlich schwerer waren als die Opern *Puccinis*. Erst »Der Rosenkavalier« (1911) ging wirklich »um die Welt«, aber auch seine Anforderungen sind, trotz der volkstümlichen Beliebtheit des Sujets, wesentlich höher als die des Italieners. Dessen nächste Oper wird »Madame Butterfly« sein, wieder ein Publikumserfolg über alle Grenzen hin. Auch die Tragödie der kleinen Japanerin, im Grunde kaum weniger grausam als die spektakulärere »Tosca«, ist in ungezählte Sprachen übersetzt worden und hat fast noch mehr Tränen fließen lassen als Mimis Tod im letzten Bild der »Bohème«. Um 1905 hatte *Puccini* seinen Gipfelpunkt erreicht. Es gab wohl kein Theater der Welt, in dessen Repertoire nicht mindestens eines seiner Werke stand, und sie gehörten überall zu den stärksten Kassenschlagern. Keine junge Sängerin hätte auf ein Engagement hoffen können, ohne Mimi (oder Musette, oder beide), Tosca und Butterfly in ihrem Repertoire zu haben, wenn sie einen lyrischen oder jugendlich-dramatischen Sopran besaß, oder ein »lirico spinto« war, wie die Italiener jenes Zwischenfach zwischen der lyrischen und der dramatischen weiblichen Opernstimme nennen.

Puccini und *Sardou* sind nicht mehr als Arbeitspartner zusammengekommen. Wenn heute auf internationalen Theatern der Name des französischen Dramatikers genannt wird, so ist es fast ausschließlich im Zusammenhang mit Aufführungen der »Tosca«. *Puccini* suchte seine weiteren Themen – beinahe immer unter großen Schmerzen, Zweifeln und Bedenken – auf völlig anderen Gebieten. Der Name, auch der »große« Name des Autors war ihm völlig gleichgültig, er wollte vom Stoff gepackt werden: »Umanità, sopra tutto di umanità . . .«, lautete sein Wahlspruch. Zu deutsch etwa: »Menschlichkeit, vor allem Menschlichkeit«, oder noch sinngemäßer: »Menschen, vor allem Menschen!« Was sich nicht auf deren »Güte« bezog, deren moralische Tugenden; von denen besitzen Scarpia und der Tenor der »Butterfly«, Pinkerton, nichts. Menschen: im Sinne von packenden Erlebnissen, von bis zur Siedehitze gesteigerten psychologischen Konflikten und von viel »Herz«, das in höherem Sinn über alles triumphiert.

Anmerkungen und Gedanken zu »Tosca«

1. »Tosca« wird zumeist als »veristische« Oper bezeichnet. So
nennt man die musikalische Variante des Stils, dem man in
den anderen Künsten (Malerei, Bildhauerei, Tanz, Film,
vor allem wohl in der Literatur) die Beinamen »realistisch«
und »naturalistisch« gibt. Zwischen ihnen gibt es natürlich
noch einige wesentliche, aber kaum auf knappem Raum zu
erklärende Unterschiede. Realismus, Naturalismus, Verismus suchen das »wirkliche« Leben, die Wahrheit (latei-
nisch: Veritas). Das Dasein in seiner ungeschminkten
Härte und Grausamkeit, der Mensch mit allen seinen
Schwächen und Fehlern sollte jetzt gezeigt werden. Die
neuen Tendenzen, die in der zweiten Hälfte des 19. Jahrhunderts auftauchen, stellen Gegenströmungen zur
Romantik dar. Auch in der romantischen Kunst hat es
»Nachtseiten« gegeben, Gespenster und Dämonen, Böse-
wichter und Ungerechtigkeiten. Aber eines ihrer grundlegenden Merkmale war doch die Verklärung gewesen, die
Verschönerung, die Idealisierung. »Gut« und »Böse«
waren recht genau gegeneinander abgegrenzt und dement-
sprechend war ihr Schicksal; und mochte die Gerechtigkeit
auch nicht immer auf der Erde wirksam werden, im Jenseits war sie gewiß. An solchem Weltgebäude rütteln Realismus, Naturalismus, Verismus. Mit ihnen beginnt der
große abendländische Pessimismus, der einen tausendjäh-
rigen Optimismus abzulösen beginnt. Die neuen Tendenzen zerstören nicht nur das Menschenbild, sie rütteln auch
am Gottesbegriff. Sie führen eine Epoche herauf, die alles
in Frage stellt.

2. Die Literatur war vorausgegangen, Roman und Theaterstück. Die Franzosen *Balzac* und *Zola*, die Russen *Dosto-
jewski* und *Tolstoi*, die Nordländer *Ibsen* und *Strindberg*,
die Deutschen *Hauptmann* und *Sudermann* bilden nur
einen kleinen Ausschnitt aus der weltweiten Bewegung,
die sich gegen Ende der Romantik erhebt. Eine an starken
Schöpfergestalten reiche Generation strebt zur Macht; ihr
Sinn und Wunsch ist die Überwindung der Romantik, die
oft gewaltsame Rückführung der Zeitgenossen in die harte

und gefährliche »Wirklichkeit«, in der sie leben, ohne es zu bemerken. Es gilt, den Menschen aus Traumlanden zu erwecken und mit der »Wahrheit« zu konfrontieren.

3. Am schwersten haben es Realismus, Naturalismus und Verismus in der Musik. Denn deren ureigenstes Wesen widerspricht ihnen. Die Musik neigte seit ungezählten Jahrhunderten zur Schönheit der Melodie, zum Wohllaut der Harmonie –, wie sollte sie jetzt das Gegenteil davon wiedergeben? Und so kämpfte die veristische Oper. Sie unterlegte ihren Werken harte, grausame Texte, belichtete mit deren Worten traumatische, psychopathische, hysterische, krankhafte Seelenzustände, aber die wohlklingende Musik, die sie dazu erfand, stand oft genug in krassem Gegensatz zu dem, was sie zu untermalen versuchte. Trotzdem gab es wesentliche Opern dieser Richtung, von denen allerdings nur auffallend wenige am Leben blieben. Die Meisterwerke des Verismus sind an den Fingern abzuzählen. Die Italiener können »Cavalleria rusticana« von *Mascagni*, »I Pagliacci« (»Der Bajazzo«) von *Leoncavallo*, »Andrea Chénier« von *Giordano* ins Treffen führen (neben einigen Werken von *Cilea, Zandonai, Spinelli* und anderen, deren Wirkung sich nur ausnahmsweise jenseits der Alpen bemerkbar machte). Die Deutschen treten mit »Tiefland« von *Eugen d'Albert*, dem »Evangelimann« von *Wilhelm Kienzl*, einzelnen Werken von *Bittner, Korngold* und dem schon stark dem späteren Symbolismus zuneigenden *Franz Schreker* hervor. Vor allem aber wohl mit »Salome« und »Elektra« von *Richard Strauss*; doch gerade diese beiden Opern-Einakter werden ebenso oft und mit dem gleichen Recht dem Expressionismus, ja sogar dem »Jugendstil« zugerechnet (was übrigens zu interessanten Schlüssen über Beziehungen beziehungsweise Verwandtschaften zwischen Naturalismus, Verismus, Expressionismus, Jugendstil führen könnte).

4. War *Puccini* ein »Verist«? Vom Stoff her müßten mehrere seiner Opern zum Realismus und Naturalismus gezählt werden, also auch zum Verismus. Diese Tendenz wird teilweise schon in »Manon Lescaut« spürbar, in der »Bohème« aber vollends deutlich. Das Arme-Leute-Milieu, die Schwindsucht als Todeskrankheit (in *Verdis*

»Traviata« vorausgenommen, wenn auch ohne den betont ärmlichen oder proletarischen Charakter, der Mimis Herkunft auszeichnet), die angedeutete Prostitution (die ebenfalls in »La Traviata« geschildert wird), das Leben von der Hand in den Mund, mit Pfandleihanstalt und gelegentlichen »mageren« Zeiten: alles das müßte »La Bohème« zu einer realistischen, naturalistischen Oper stempeln. Aber: *Puccini* ist ein echter Melodiker. In welche Perlenkette von Melodien faßt er im ersten Bild die beiderseitige Erzählung ihrer Schicksale durch den mittellosen Dichter Rodolfo und die ebenso arme Näherin Mimi! Verklärt ihr Leben sich in jenem entscheidenden Augenblick, in dem sie in der mondbeschienenen Mansarde sich von der Liebe berührt fühlen? Oder sind *Puccinis* Melodien und ein wahrer Naturalismus dieser beiden Gestalten im tiefsten Grunde unvereinbar?

5. In »Tosca« wird dieser Konflikt noch auffallender. In einem seiner Manuskripte schreibt, eigentlich ganz unvermutet, *Puccini* plötzlich einen Glaubenssatz nieder, der mit der dort notierten Musik in keinem direkten Zusammenhang steht: »Contro tutto e contro tutti fare opera di melodia...« (Zu deutsch: Gegen alles und gegen Alle Oper aus Melodien machen...«). Und er setzt zur Bekräftigung sogar seine Unterschrift darunter. Alles und Alle – das war seine Zeit und das waren seine Kollegen, war der Verismus, den viele zum Regenten der Stunde machen wollten. Die Grausamkeit des Textbuches schien *Puccini* förmlich zu zwingen, eine naturalistische Vertonungsart zu finden. Aber er war viel zu sehr Italiener, um zu einer so weitgehend krassen Tonsprache zu gelangen, wie wenige Jahre später sein deutscher Zeitgenosse und Gegenspieler *Richard Strauss* in »Salome« ihn finden wird. Er setzt zwar »realistische« Elemente ein, wie etwa den dumpfen, unheilkündenden Trommelwirbel, der zum musikalischen Symbol der gefühllosen Macht, der eiskalten Todesmaschinerie wird. Aber der Melodie schwört er nicht ab; das wäre, als würde ihm das Leben genommen.

6. Die super-naturalistische Handlung stammt von einem Super-Naturalisten der Feder: *Victorien Sardou.* Er häuft hier Schrecken auf Schrecken, Gewalttat und Gemeinheit

in selten gesehenem Ausmaß. Er schildert die Korruption der politischen Macht, die Kreaturen statt Menschen ausbildet und durch die Ausnützung der niedrigsten Eigenschaften ihren eigenen Vorteil zu finden weiß. Das ist ein durch und durch veristisches Thema. Auch an der extrem naturalistischen Durchführung der – glänzend konstruierten – Handlung besteht kein Zweifel. Aber selbst in den furchtbarsten Szenen der »Tosca«, die voll sind von Grausamkeit, Zynismus, Menschenverachtung, Sadismus, abgründigster Gemeinheit, stehen in *Puccinis* Partitur Melodien, steht Wohlklang der Stimmen. Hier müßte ein unlösbarer Gegensatz liegen. Aber wir empfinden ihn nicht, und das ist das Entscheidende. Die einzig mögliche Erklärung müßte lauten: die Oper hat ihre eigenen Gesetze, die von der Logik völlig unberührt bleiben. Wie sonst wäre die aus höchster Seelenqual geborene Arie der Tosca – ihr sogenanntes »Gebet« – erklärbar, wie sonst Cavaradossis erschütternder Abschied vom Leben? Hier ist *Puccinis* Musik nicht »veristisch«. Gibt es überhaupt eine veristische Musik? Müßte eine solche, konsequent durchgeführt, nicht das Ende der Musik bedeuten? Oder ist es »veristisch«, wenn im Finale des ersten Akts der Schuft Scarpia seinen begehrlichen Triumphgesang zum eigentlich grauenhaften Kontrapunkt des kirchlichen Tedeum-Chores macht?

7. Man hat *Puccini* mit Recht den Komponisten der ergreifenden Frauengestalten genannt; er sich selbst allerdings, viel bescheidener, den »Komponisten der kleinen Dinge«. Nicht weniger als sieben seiner insgesamt zwölf Bühnenschöpfungen (elf Opern, eine Operette) führen Frauenfiguren im Titel: »Manon Lescaut« (1893), »Tosca« (1900), »Madame Butterfly« (1904), »Schwester Angelica« (1918), »Turandot« (nachgelassen), wozu unschwer noch »Das Mädchen aus dem Goldenen Westen« (1910) und »Die Schwalbe« (1917) zu zählen sind. Die Galerie der bedeutenden Frauenrollen in seinen Werken aber ist noch wesentlich größer: Tigrana und Fidelia (»Edgar«), Manon Lescaut (in der gleichnamigen Oper), Mimi und Musette (»Bohème«), Tosca (in der gleichnamigen Oper), Cho-Cho-San und Suzuki (»Madame Butterfly«), Minnie (»Das

Mädchen aus dem Goldenen Westen«), Magda (»Die Schwalbe«), Giorgetta, Suor Angelica, Lauretta (in den drei zum »Triptychon« zusammengefaßten Einaktern), Turandot und Liu (»Turandot«). Natürlich sind sie von gänzlich verschiedener Wesensart und unterschiedlichem dramatischen wie musikalischen Gewicht. In allen aber ist die weibliche Psyche, so vielschichtig und facettenreich sie sein mag, meisterlich getroffen. Wer *Puccini* einen Sänger der Liebe nennte, hätte wahrlich recht. Denn nur die Liebe, die angeblich blind ist, sieht so tief und entdeckt tausend Einzelheiten, »kleine Dinge«, die aneinandergereiht ein großes Bild ergeben. Der Verstand kann irren, das Herz nicht. Es ist bezeichnend für *Puccini*, daß in seinem letzten Werk, der Oper »Turandot«, die sozusagen »zweite« Frauengestalt, die kleine Sklavin Liu, den Hörer weit mehr erschüttert als die »erste«, die stolzkalte Prinzessin, die der Oper ihren Namen gegeben hat: weil Lius Leben nur Liebe ist, und da ist *Puccini* in seinem Element.

8. »Chi ha vissuto per amore, per amore si mori« (»Wer für die Liebe gelebt hat, der stirbt aus Liebe« [oder: für die Liebe]), singt der Straßensänger im »Mantel«. An dieser Stelle zitiert *Puccini* musikalisch sich selbst: ein paar unverkennbare Noten aus der fast ein Vierteljahrhundert früher komponierten »Bohème« erklingen hier. Der aufmerksame Hörer denkt nach: Stirbt Mimi nicht an Schwindsucht? Gewiß, so lautet die medizinische Diagnose. Wäre Mimi aber bei einem der reichen Männer geblieben, die ihr ein materiell sorgenfreies Leben bieten konnten, vielleicht hätte sie um einiges länger gelebt; doch sie kehrt »per amore« zu ihrem einzigen Geliebten, zu Rodolfo, dem ewig armen Poeten zurück, um bei ihm, in der Mansarde, die ihre glücklichsten Stunden sah, zu sterben. Ohne viele psychologische Untersuchungen anstellen zu müssen, kann selbst Toscas Sterben im Grunde als »Liebestod« bezeichnet werden, um das Wort *Wagners* zu gebrauchen, der es – auch im Sinne eines medizinisch nicht erklärbaren Vorgangs – ein für allemal in der deutschen Sprache festgeschrieben hat.

9. *Puccini* als *Verdi*-Nachfolger: ein vielfältiges, nicht ganz einfach aufzuschlüsselndes Phänomen. Daß *Puccini* die

stärkste Schöpfernatur in dieser seinerzeit hart umstrittenen Nachfolge ist, wird heute nicht mehr bezweifelt. Zwar ist *Mascagnis* »Cavalleria rusticana« ein Meisterstück, *Leoncavallos* »Bajazzo« eine Genietat, *Umberto Giordanos* »Andrea Chénier« ein vollblütiges Musikdrama echtester Italianità. Aber *Puccinis* Gesamtwerk übersteigt doch jenes seiner Rivalen beträchtlich. *Verdi* erlebte *Puccinis* Anfangserfolge noch; selbst »La Bohème« entstand noch zu Lebzeiten des »großen Alten von Sant' Agata«, und auch die 1900 uraufgeführte »Tosca« dürfte noch, zumindest im Klavierauszug, bis in seine selbstgewählte Einsamkeit gedrungen sein. Ob sie seine einstige Prophezeiung bestätigte, mit der er vor vielen Jahren von diesem seinem »Nachfolger« Notiz nahm? Er »höre viel Gutes« von diesem neuen Mann namens *Giacomo Puccini*, steht in einem seiner Briefe; und wenn auch manche ihm vorwürfen, er sei zu »sinfonisch« – was sich wohl auf eine besonders subtile Behandlung des Orchesters bezieht –, so besäße er doch das »Wichtigste«: den Sinn für die absolute Vorherrschaft der Melodie. Er hat später des öfteren starkes Interesse an *Puccinis* Opern gezeigt, ja diese sogar ausdrücklich an Theater empfohlen. In *Puccinis* Arbeitszimmer hing eine autographierte Photographie *Verdis*, aber ob sie einander jemals persönlich begegneten, ist seltsamerweise nie einwandfrei festzustellen gewesen. In einigen wenigen Biographien *Verdis* lesen wir, sein letzter, genialer Textdichter *Arrigo Boito* habe die beiden Komponisten zusammengeführt, um seinem Generationsgenossen *Puccini* einen Herzenswunsch zu erfüllen, aber in anderen Quellen sucht man vergeblich nach der Bestätigung eines solchen Treffens.

10. Der große Dualismus, der seit dem 18. Jahrhundert durch die Operngeschichte geht und als Nord-Süd-Gegensatz bezeichnet werden kann, als Rivalität Italien-Deutschland, erreicht mit *Puccini* eine neue Etappe. *Gluck* stand gegen *Piccini* (in direktem Aufeinanderprall während mehrerer Pariser Jahre), *Weber* gegen *Rossini, Wagner* gegen *Verdi.* Und nun: *Richard Strauss* gegen *Puccini.* Eine lange Rivalität, in der es um mehr als persönliche Geltung ging: um verschiedene Konzepte der Oper, ja der Musik im allgemeinen und sogar der Kunst . . .

11. Zwischen *Verdis* Geburtsdatum, 1813, und jenem *Puccinis*, 1858, liegen nicht weniger als 45 Jahre, anderthalb Generationen. Eine Zeitspanne, in der die allgemeine geistige wie die spezifisch musikalische Entwicklung mit riesigen Schritten vorangeeilt war. So kann wohl auch von einem direkten Anknüpfen *Puccinis* an *Verdi* kaum die Rede sein. Inzwischen hat die Orchestertechnik entscheidende Vorstöße unternommen, den Klang bis in ungeahnte Verästelungen vervielfacht. *Puccini* behandelt den so differenziert gewordenen Klangkörper mit subtilstem Verständnis, weit über alles hinaus, was in der italienischen Oper und sogar bei *Verdi* üblich gewesen war. Dessen »geteilte Violinen« in »La Traviata« und sehnsüchtige Bläsersoli im »Nilakt« der »Aida« waren wichtige Vorstöße gewesen, aber mit der Generation der *Debussy, Rimskij-Korsakov, Skrijabin, Mahler, Richard Strauss* ist ein neues Klangdenken in die abendländische Musik eingezogen, und *Puccini* nimmt lebhaft an ihm teil. Die Zahl seiner Klangfarben, seiner Ausdrucksnuancen im orchestralen Bereich ist ungewöhnlich groß. Manche Beobachter haben hier von »Raffinement« gesprochen, *Puccinis* Kunst deshalb »raffiniert« genannt: ein Ausdruck, der in seinem negativen Aspekt nicht vertretbar ist. Das geschah in jenen Zeiten – die einen guten Teil des 20. Jahrhunderts einnahmen – in denen die »Fachwelt« sich hartnäckig weigerte, *Puccini* als hochrangigen Schöpfer einzustufen, ihm den Meisterrang zuzuerkennen, in den das Publikum der ganzen Welt ihn längst erhoben hatte.

12. Man gestand ihm Einfallsreichtum, melodische Inspiration zu, nannte ihn aber zumeist oberflächlich, zu sehr (oder nur) »auf Wirkung ausgerichtet«, größerer Entwicklungen (wie sie in Barock, Klassik und Romantik das Merkmal bedeutender Komponisten gewesen waren) unfähig. Solche Kritik schien sich mit *Puccinis* eigener Selbsteinschätzung zu treffen, die ihn sich als »Komponist der kleinen Dinge« erkennen ließ. Nehmen wir dieses Wort wirklich zur Grundlage einer Beurteilung, so müßte daran erinnert werden, daß auch kleinformatige Bilder, ja Miniaturen, Meisterwerke sein können, die im künstlerischen Rang kolossalen Wandgemälden keineswegs nachzustehen brau-

chen. Nicht in der Größe des Dargestellten liegt die Meisterschaft: eine Blume, ein Hase von *Dürer* sind so genial wie *Michelangelos* Fresken in der Sixtinischen Kapelle. *Puccini* war der Vertreter einer anderen Zeit, als es die *Donizettis*, aber auch die *Verdis* gewesen waren. Der *Verdi*-Biograph *Karl Holl* beurteilte *Puccini* aus der Sicht der ersten Jahrhunderthälfte: »Puccini war Meister nur im Kleinen. Er hatte Einfälle, aber er war kein Gestalter. Seine Opern sind keine Dramen, sondern Mosaiken aus mehr oder weniger wirksamen, solider oder flüchtiger gearbeiteten Szenen. Sein Stil ist nicht rein italienisch, sondern durchsetzt von französischen und deutschen (wagnerischen) Tendenzen. Von einer ethischen Absicht oder Wirkung ist bei ihm wenig zu spüren; er beschränkt sich auf derb-theatralische, primitiv oder raffiniert rührselige ›Reportage‹ . . .«

Diese Wertung entspricht genau den professoralen Ansichten unserer ersten Jahrhunderthälfte, für die eine Nennung des Namens *Puccini* eine bedenkliche musikalische Charakterschwäche signalisierte, vom Studenten also strikt zu vermeiden war. Die Zeiten haben sich geändert. Hohe Aufführungsziffern allein sind zwar kein Qualitätsbeweis für eine Oper, aber gegen die Annahme, unsere Epoche sei in der Erkenntnis echter Kunst abgesunken gegenüber früheren Zeiten – ich spreche von Erkenntnis, nicht von der Schöpfung, was in ein ganz anderes Kapitel gehörte – spricht die unumstößliche Tatsache, daß auf unseren Musikbühnen, auf denen *Puccini* längst einen wichtigen Platz erobert hat, immer noch die Meister der unbestreitbar höchsten Kunst herrschen: *Monteverdi, Gluck, Mozart, Beethoven, Rossini, Donizetti, Bellini, Weber, Wagner, Verdi.*

13. »Wenn der Genius der Nation in der Musik nicht deutlich hervortritt, dann ist diese ohne Reiz und Wert«, hat *Verdi* einmal geschrieben. Er war also ein Verfechter des musikalischen Nationalismus: aus dem Werk muß deutlich spürbar werden, im Schoße welchen Volkes es geboren wurde. Das war der typische Standpunkt des »romantischen« Jahrhunderts, in dessen Seele es starke nationale wie soziale Strömungen gab. Jeder Musiker verstand sich

als Vertreter seines Volkes. Nicht in einem chauvinistischen Sinne, also nicht im Geiste einer völkischen Überlegenheit über andere Nationen, wohl aber in deutlicher Unterscheidung von ihnen. So wurde das romantische Jahrhundert folgerichtig zur Geburtsstunde zahlreicher nationaler Strömungen, durch die eine Reihe von Völkern in die Musikgeschichte des Abendlands eintreten konnten: die Tschechen und Slowaken, die Polen, die Russen, die Skandinavier, die Ungarn. Die Wiederkehr einer Eigenständigkeit Spaniens nach jahrhundertelanger Assimilation an führende Musikländer, wie Italien und Frankreich, erfolgte auf Grund einer deutlich »nationalen« Tendenz. Es war, im ganzen Abendland, die Stunde der »Folklore«, die Annäherung zwischen Volks- und Kunstmusik. Zu Ende des 19. Jahrhunderts aber, im langsamen Ausklingen der Romantik, da brach ein neuer Internationalismus über Europas Geistesleben herein. Hierher ist *Puccini* zu rechnen. Seine Kantilene, seine sinnliche Melodielinie sind typisch italienisch, aber seine Harmonie, seine Rhythmik, seine Orchesterkunst sind kosmopolitisch. Wie *Karl Holl* schreibt, sind französische und deutsche Einflüsse bei ihm zu spüren (wenn auch keine wagnerischen, wie behauptet wurde): *Puccini* steht seinem großen Rivalen Jules Massenet – mit dem er sich in der Vertonung der »Manon Lescaut« des Abbé Prévost, viel mehr aber noch in der überaus liebevollen Zeichnung zahlreicher Frauengestalten traf – näher, als man es zu beider Zeiten wahrnehmen konnte oder wollte; und in der harmonischen Gestaltung gibt es manchen deutschen Komponisten jener Zeit, den man als *Puccini* verwandt bezeichnen dürfte.

14. Eine Zeitlang gefiel es der Musikliteratur, den Ausdruck »lyrische Oper« zu benutzen und ihn in besonderem *Maße* auf Puccini anzuwenden. Zu diesem Genre zählte man auch *Gounod, Bizet, Offenbach, Debussy, Mussorgskij* und viele andere. Unsere heutige Einteilung ist zumeist anders. *Gounod* gilt uns noch als echter Romantiker, und *Offenbachs* nachgelassene Oper »Hoffmanns Erzählungen« ist wohl auch in dieser Kategorie am besten aufgehoben. *Mussorgskij* und *Bizet* aber sind Realisten, *Debussy* ist

ein Impressionist. Gehört *Puccini*, wenn wir schon »einteilen« wollen, nicht noch zu den Spätromantikern mit veristischem Einschlag? Außerdem, gibt es eine Oper, die nicht logische Elemente enthielte? In Italien und den von ihm beeinflußten Operngebieten ist »lirico« gleichbedeutend mit »opernhaft«, ein »dramma lirico« ist eine Oper. So ist wahrscheinlich der Terminus »Lyrische Oper« nicht recht glücklich geformt.

15. »Ich bin ein unverbesserlicher Jäger auf Wasservögel, Textbücher und Frauen«, so beschrieb *Puccini* einmal sich selbst. Wer aber aus diesem scheinbar so leicht hingeworfenen Satz darauf schlösse, sein Autor sei ein leichtlebiger, vielleicht sogar leichtsinniger oder gar oberflächlicher Mensch gewesen, der irrte sehr. Viel öfter nannten ihn seine Freunde – deren er viele und gute hatte – einen Melancholiker. Er selbst bestätigte es: »Ich habe immer im Schmerz, in der Bitterkeit und in der Seelenqual die Anregung zu meinen besten Szenen gefunden. Ja, ich liebe die Schwermut. Ich bin so geboren: melancholisch wie meine Heimatstadt Lucca, die eingeschlossen ist in die Einsamkeit ihrer Festungswälle. Ich bin auch ›herbstlich‹ von Geburt aus: der Herbst ist die Jahreszeit, die ich am meisten liebe. Das herbstliche Land, die kahlen Felder . . . dort finde ich mich selbst und fühle mich als Herr meines Tuns. Dort bin ich wirklich ich selbst, und nicht der, von dem die Leute glauben, ich sei es. Wenn sich in meiner Seele die Schwermut und Traurigkeit der Landschaft spiegeln, dann erwächst daraus meine Melodie. Bin ich hingegen fröhlich im Getriebe der Großstadt, wie es oft in Mailand der Fall ist, so finde ich niemals die Musik, die ich suche . . . Wenn ich beim Komponieren leide, dann fühle ich mich leben, wundervoll leben . . .« Manches davon hätten wohl *Beethoven* und *Schubert* nicht anders ausdrücken können.

16. Trotzdem besaß *Puccini* – gerade wie *Beethoven* und *Schubert* – eine lebenskräftige, ja lebensfrohe Ader, die nicht zuletzt auch in einer guten Dosis Humor zum Ausdruck kam. Um die Musik werden zu lassen, mußte er sich allerdings lange Zeit durch viel Schwermut und Melancholie durchringen. Hierin gleicht er *Verdi*: der hatte die Mitte

der Siebzig überschritten, um mit freundlich-ironischem Blick auf das Leben schauen und »Falstaff« komponieren zu können. So lange ließ das Schicksal *Puccini* nicht Zeit. Feine Züge von Heiterkeit jedoch finden sich bereits in »Bohème« mit ausgelassenen Szenen der vier Freunde und manchem Detail des frohen Weihnachtsbildes im Quartier Latin. Die düstere »Tosca« ist gewiß nicht das geeignete Werk für Momente lauten Humors; doch in der Gestalt des Mesners gibt es Motive der Heiterkeit, wenn auch einer eher parodistischen, die bis an den Rand der Bitterkeit reicht. Im ersten Akt der »Madame Butterfly« finden sich Beweise für Humor, so dramatisch und tragisch sich diese Oper auch später gestalten mag. Aber gegenüber diesen flüchtig vorbeihuschenden Zügen des Lächelns wird die Heiterkeit, wird der geradezu umwerfende Humor plötzlich zum Regenten eines ganzen Werkes: des Einakters »Gianni Schicchi«. Da ist *Puccini* sechzig Jahre alt und fühlt sich »sehr alt«, wie er schon seit fast zehn Jahren versichert.

17. Aus seinem Leben ist mehr als eine komische Episode überliefert. Von den vielen Anekdoten, die in dieser Hinsicht erzählt werden, hängt eine mit der Oper »Tosca« zusammen. *Puccini* wohnte einer äußerst schlechten Aufführung dieses Werkes in einer deutschen Stadt bei. Er mußte aus Höflichkeit am Ende den Dirigenten aufsuchen, um ihn zu beglückwünschen, obwohl er ihn lieber umgebracht hätte: *Puccini* fand, er habe kein einziges Tempo richtig getroffen und so eine unverzeihliche Verzerrung seines Werkes verschuldet. Er schüttelte dem strahlenden Musiker die Hand, konnte dabei aber seine wahren Gedanken nicht zurückhalten. Und so überschüttete er den Dirigenten, der kein Wort Italienisch verstand, mit den Worten: »Birbone! Bandito! Assassino! Carnefice! Birbante!« (Schurke! Bandit! Mörder! Henker! Schuft!) Er soll noch, lächelnd wie bei allem Vorherigen, hinzugefügt haben: »Wären wir in Italien, so hätte ich Sie anstatt Cavaradossis hinrichten lassen!« Worauf der Dirigent tagelang in seiner Stadt umherging und stolz aller Welt erzählte, mit welchem Strom anerkennender Worte der Maestro ihn ausgezeichnet habe.

18. *Puccini* wurde einmal bei einem der zahlreich mit ihm angestellten Interviews gefragt, ob er »immer traurig« sei, wie manchmal behauptet werde. Er antwortete: »Ich hatte wie wohl alle Menschen sehr viel Kummer. Diese unaussprechlichen Seelenzustände behält man am besten für sich. Doch spiegelt sich viel von dem, was blieb, in meinen Werken als Sehnsucht. Am besten ist es zu rauchen . . . Alle Philosophie, alle Musik gleicht dem Rauch . . . Ich liebe es, dem Rauch nachzuschauen, es ist, als tanze und komponiere er . . .« Die Mehrzahl der Photographien, die es in großer Zahl von Puccini gibt, zeigt ihn mit der Zigarette im Mund. Er rauchte ununterbrochen: während er komponierte, während er sein Auto steuerte, während er angeregte Gespräche mit seinen Freunden führte, während er Kämpfe mit seinen Textdichtern ausfocht. Die Zigarette war bei ihm Sucht geworden. Er ging an ihr zugrunde, langsam und qualvoll. Der Kehlkopfkrebs raffte ihn, sechsundsechzigjährig, dahin.

19. Von zwölf Bühnenwerken läßt *Puccini* nur gerade zwei in seinem geliebten Heimatland Italien spielen: »Tosca« und »Gianni Schicchi«. Ob auch »Suor Angelica« hier anzufügen wäre, bleibt offen: die Handlung spielt sich in einem Kloster ab, und das könnte wohl überall in christlichen Landen stehen. Zweimal verlegt *Puccini* seine Opern in den Fernen Osten: »Madame Butterfly« spielt in Japan, »Turandot« in China. Viermal nach Frankreich: dort spielen »Manon Lescaut«, »La Bohème«, »La Rondine« (die Operette »Die Schwalbe«) und »Il Tabarro« (Der Mantel). Die erste seiner Opern (»Le Villi«) spielt in Deutschland, in Flandern die zweite (»Edgar«). Und im »wilden Westen« die Goldgräberoper »La Fanciulla del West« (Das Mädchen aus dem Goldenen Westen). So international war Puccini und so unerschütterlich der Ansicht, menschliche Dramen richteten sich nicht nach der Geographie.

20. Ebensowenig wie der Hang zu einem bestimmten Land läßt sich in *Puccinis* Werken auch eine Neigung zur Geschichtlichkeit seiner Stoffe nachweisen. Wir finden Themen mit starkem historischen Hintergrund neben anderen, frei erfundenen. Wenn sie auch nicht »geschichtlich« aufzufassen sind, schildern viele seiner Opern doch Zustände, die

kaum abgelöst vom historischen Hintergrund (wie bei »Tosca«), von der Atmosphäre einer bestimmten Epoche verständlich werden. Das ist bei »Madame Butterfly« der Fall, der »koloniales« Denken zugrundeliegt; bei »Gianni Schicchi«, das nur im Renaissance-Florenz spielen kann; bei »Turandot«, die nur in einem absolutistischen Herrschaftssystem denkbar ist.

21. Im Gegensatz zu *Verdi* hatte *Puccini* keine »Galeerenjahre« mehr durchzumachen, die Zeiten hatten sich geändert. Er stand nicht mehr im drückenden Vertragsverhältnis, das seine Partner, die Impresarii der italienischen Theater, berechtigte, jährlich mehrere Opern aus seiner Feder zu fordern. Doch auch *Puccini* mußte den Kampf, ja das Elend des mühsam ringenden Künstlers durchmachen. Anders als bei seinen Generationsgenossen *Mascagni* und *Leoncavallo* gelang ihm der Durchbruch nicht mit dem Erstlingswerk. Er erzielte ihn erst mit der dritten Oper, mit »Manon Lescaut«. Während seine genannten Kollegen (und Rivalen) nach dem stürmischen Anfangstriumph (der »Cavalleria rusticana« und des »Bajazzo«) sich nur in absteigender künstlerischer Linie bewegten, stieg *Puccini*, trotz wechselnder Premierenerfolge seiner weiteren Werke, unaufhaltsam auf der Treppe des Ruhms aufwärts. »La Bohème«, »Tosca«, »Madame Butterfly« trugen in wenigen Jahren seinen Namen in die gesamte Kulturwelt. Zwischen seinem 40. und 50. Lebensjahr stand *Puccini* auf dem erklommenen Höhepunkt, hatte alle seine komponierenden italienischen Zeitgenossen aus dem Felde geschlagen und war mit seinen Werken zum festen Bestandteil des internationalen Opernrepertoires geworden.

22. *Puccinis* Werke waren für ihre Zeit durchaus fortschrittlich. Den großen Umsturz der ersten Nachkriegsjahre hat er allerdings nicht mitgemacht. So »kühne« Klänge er auch im »Triptychon« und in »Turandot« verwendete, so wenig dachte er daran, die sich in vielen Teilen der abendländischen Welt abzeichnende »Auflösung der Tonalität«, die »Atonalität« oder gar den »Zwölfton« *Schönbergs* (der kurz vor *Puccinis* Tod als Theorie erschien, praktisch aber schon in einigen radikalen Werken vorgebildet war) mitzumachen. Für ihn war und blieb Oper Melodie. Er fand sich

auch nicht bereit, so extreme Harmonien anzuwenden, wie sein deutscher Gegenspieler *Richard Strauss*, der 1905 mit »Salome« – *Puccini* stand gerade bei »Madame Butterfly« – und »Elektra« (1909, also etwa gleichzeitig mit dem »Mädchen aus dem Goldenen Westen«) radikal neue Töne angeschlagen hatte. Dafür mußte er auch keinen »Rückzug« antreten, wie ihn »Der Rosenkavalier« bedeutete und der *Strauss* ungefähr auf dieselbe Stufe einer »freien«, aber nicht umstürzlerischen Harmonik zurückbrachte, wie sie ungefähr *Puccini* in stetiger Entwicklung erreicht hatte. Aber eins läßt sich bei den beiden bedeutendsten Opernkomponisten ihrer Zeit, *Richard Strauss* und *Puccini* nicht übersehen: sie gehören einer Abschiedsgeneration an. Mit ihnen sank eine großartige, von herrlichen Kunstschöpfungen gezeichnete Epoche ins Grab. Wehmut liegt um manches ihrer Bühnenwerke, wie um *Debussys* Tongemälde, um *Gustav Mahlers* Sinfonien. Es ist keine aufgehende Sonne, die sie bescheint. Es ist der immer noch leuchtende, aber schwermütige Glanz des Abendrots.

Kurze Biographie Puccinis

1712   Dem aus dem Bergdorf Celle bei Pescaglia (Toskana) stammenden und in Lucca niedergelassenen Ahnen des »Tosca«-Komponisten wird ein Sohn geboren, den er Giacomo nennt. Dieser wird im Jünglingsalter nach Bologna geschickt, um beim berühmten Padre Martini, der höchsten musikalischen Autorität seiner Zeit, Musik zu studieren.

1739   Der genannte Giacomo Puccini, Ururgroßvater des Opernkomponisten, wird auf Empfehlung seines Lehrers Organist und Kirchenkapellmeister in Lucca.

1747   Antonio, Sohn des Giacomo, in Lucca geboren.

1771   Domenico, Sohn des Antonio, in Lucca geboren.

1781   Giacomo in Lucca gestorben. Sein Sohn Antonio übernimmt seine musikalischen Ämter.

1813   Michele Puccini, Sohn des Domenico, in Lucca geboren. Auch er wird, wie alle seine Vorfahren dieses Namens, Kirchenmusiker und Komponist geistlicher Werke.

1815   Domenico stirbt, nur 44 Jahre alt, eines nie aufgeklärten, möglicherweise Vergiftungstodes. Sein Sohn Michele wird trotz der schwierigen materiellen Lage der zurückgebliebenen Familie mit besonderer Sorgfalt zum Musiker ausgebildet, studiert in Neapel bei Donizetti und Mercadante, um dann in der Heimatstadt Lucca nicht nur die Ämter der Vorfahren, sondern auch die Leitung des Konservatoriums übernehmen zu können.

1858   In der Ehe Michele Puccinis mit Albina Magi wird am 22. Dezember nach sechs Töchtern (Ottilia, Tomaide, Iginia, Nitteti, Macrina und Ramelde Onfale Aleluia) endlich ein Sohn geboren, der den in der Familie traditionellen Namen *Giacomo* erhält.

1864   Tod Vater Micheles im Alter von 51 Jahren. Der wenig mehr als fünfjährige Giacomo verbleibt in der Obhut der aufopfernden Mutter und erhält ersten Musikunterricht durch Carlo Angeloni, der Schüler Michele Puccinis gewesen war. Eine kleine städtische Pension sichert das Überleben der zahlreichen Familie, die noch kurz nach des Vaters Tod durch einen zweiten Sohn vergrößert wird. In einem durchwegs sehr liebevollen Verhältnis aller Familienmitglieder liegt, ganz nach italienischer

Geburtshaus Giacomo Puccinis in Lucca

Tradition, die stärkste Aufmerksamkeit und Erwartung auf dem ältesten Sohn: Giacomo.

1872 Ohne nennenswerte Begeisterung wird der Halbwüchsige Organist in kleinen Gemeinden rund um die Vaterstadt Lucca. Außerdem stellt er ein kleines Tanz- und Unterhaltungsorchester zusammen, mit dem er in der Stadt und einigen nahen Badeorten an der Küste auftritt.

1877 In der Kirche San Paolino in Lucca wird zum ersten Mal eine Komposition Giacomos aufgeführt: eine Motette, die ein Jahr zuvor bei einem Wettbewerb nicht einmal in Betracht gezogen worden war.

1879 Puccini hört in Pisa Verdis »Aida«. Er beschließt endgültig, einer schon länger in ihm spürbaren Unruhe nachzugeben und der Laufbahn eines Kirchenkomponisten zugunsten der Oper zu entsagen. Dazu wird es notwendig, in eine »Opernstadt« zu übersiedeln: die Familie entschließt sich für Mailand.

1880 Mit einem von der italienischen Königin gewährten Stipendium und der tatkräftigen Beihilfe eines Verwandten (Dr. Nicolao Cerù) bezieht Puccini das Mailänder Konservatorium, wo er Schüler von Antonio Bazzini und des kurz zuvor durch den Erfolg seiner Oper »La Gioconda« berühmt gewordenen Amilcare Ponchielli wird. Eine Zeitlang teilt Puccini eine kärgliche Behausung mit dem um fünf Jahre jüngeren Mitschüler Pietro Mascagni, der 1884 wegen »völliger Unzulänglichkeit« aus dem Konservatorium ausgeschlossen wird, sich aber wenige Jahre später mit »Cavalleria rusticana« glänzend revanchieren kann. Am 12. Juli wird in Lucca eine Messe Puccinis (»Messa di Gloria«) erstmals gesungen.

1883 Im Mailänder Konservatorium wird eine Prüfungsarbeit Puccinis, das »Capriccio Sinfonico« mit starkem Erfolg gespielt. Damit verabschiedet er sich glanzvoll von seiner Studienzeit.

1884 Puccini erringt am 31. Mai im Teatro dal Verme, Mailand seinen ersten Bühnenerfolg mit der Oper »Le Villi«, die er auf einen nach deutschen Sagen bearbeiteten Text komponierte.

1886 Das Liebesverhältnis Puccinis mit der verheirateten Elvira Gemignani führt zur gemeinsamen Flucht aus

Lucca, bei der Elviras Tochter Fosca mitgenommen wird. Am 23. Dezember wird in Monza beider (einziger) Sohn Antonio geboren.

1889 Wenig günstige Aufnahme von Puccinis zweiter Oper »Edgar« in der Mailänder Scala am 21. April, woran allerdings ein schwacher Text die hauptsächliche Verantwortung trägt. Puccini denkt zum ersten Mal an eine Vertonung des Dramas »Tosca« von Victorien Sardou.

1891 Reise nach Hamburg zur deutschen Erstaufführung von »Le Villi«. Tod des Bruders Michele, eines begabten aber unglücklichen Musikers, in Rio de Janeiro.

1893 Durchschlagender Erfolg der dritten Oper, »Manon Lescaut«, die am 1. Februar im Turiner Teatro Regio erstmals erklingt und noch im gleichen Jahr an zwölf weiteren italienischen sowie fünf wichtigen ausländischen Bühnen gespielt wird. Mit dem schnell einsetzenden Ruhm bessert sich Puccinis bis dahin äußerst angespannte materielle Lage. Das Mailänder Verlagshaus Ricordi erwirbt gegen eine lebenslängliche Rente die Option auf seine Werke, die Einnahmen aus Aufführungen steigen schnell an. Aus den Erträgen der »Manon Lescaut« kauft Puccini das Familienhaus in Lucca zurück, das beim Tode der Mutter verkauft werden mußte. Puccini liest Henri Murgers Roman »Scènes de la vie de Bohème« und beschließt begeistert dessen Vertonung.

1896 Genau drei Jahre nach »Manon Lescaut«, am 1. Februar, und im gleichen Theater in Turin erlebt »La Bohème« ihre Premiere, die keinen einhelligen Erfolg zeitigt. Es dirigiert Arturo Toscanini, die Hauptrollen der Mimi und des Rudolf singen Cesira Ferrani und Evan Gorga. Aufführungen in Rom und Palermo bahnen noch im gleichen Jahr den sehr bald weltweiten Triumph dieser Oper an.

1897 Die in Aussicht genommene Arbeit an der nächsten Oper – »Tosca« – erleidet vielerlei Verzögerungen, vor allem weil Puccini seine »Bohème« in viele Städte begleitet. Das auf den gleichen Text komponierte Werk seines Rivalen Leoncavallo fällt bei der Uraufführung in Venedig durch.

1898 Anläßlich der »Bohème«-Premiere ist Puccini in Paris, wo er Zusammenkünfte mit dem berühmten Dramatiker Victorien Sardou hat, dem Autor des Schauspiels »La Tosca«, das mit der legendären Tragödin Sarah Bernhardt auf zahllosen Theatern Europas das Publikum hinriß. Puccini macht sich nach seiner Rückkehr energisch an die Komposition der neuen Oper, die am 18. August bis zum Finale des 1. Aktes, dem »Tedeum« gediehen ist; über dieses konsultiert er einen befreundeten Kleriker.

1899 Am 16. Juli beendet Puccini den zweiten Akt, am 29. September den dritten Akt und damit die gesamte Oper »Tosca«. Im Oktober entbrennt eine heftige schriftliche Auseinandersetzung mit Giulio Ricordi, der am dritten Akt Wesentliches auszusetzen findet, sich aber schließlich Puccinis Argumenten anschließt.

1900 Am 14. Januar erfolgt die Uraufführung der »Tosca« im Teatro Costanzi in Rom. Die vor allem politisch motivierte Unruhe des Publikums, durch Bombendrohungen noch verstärkt, ließ, neben dem ungewohnt krassen Realismus des Textbuchs, einen einheitlichen Erfolg nicht zu. Doch auch dieses Puccini-Werk breitete sich sehr bald rund um die Welt aus. Puccini zieht, nachdem er schon während mehrerer Jahre sich immer wieder dort aufgehalten hatte, nun endgültig in das von ihm erworbene Haus in Torre del Lago, nahe von Viareggio am Ufer des kleinen Massaciuccoli-Sees. (Die geräumige Villa enthält heute eine Gedenkstätte und Puccinis Mausoleum.)

1901 »Tosca« erklingt in einer Fülle von Theatern der ganzen Welt. In vielen Städten laufen ihre Vorstellungen parallel mit denen der »Bohème« und auch der »Manon Lescaut«, die allerdings in manchen Städten mit der Vertonung des gleichen Stoffs durch Jules Massenet (1884) im Wettstreit steht.

1903 Puccini, einer der frühen Autosportler, erleidet am 25. Februar einen Unfall, bei dem er einen komplizierten Beinbruch und einen Schock davonträgt. Die Heilung verzögert sich durch eine Diabetes sowie eine allgemeine, durch starkes Rauchen verursachte Schwäche

Giacomo Puccini – einer der ersten Autosportler Europas

aller Organe. Gegen Weihnachten kann Puccini trotzdem seine folgende Oper – »Madame Butterfly« – vollenden.

1904 Am 3. Dezember, nach dem Tode ihres Gatten, heiratet Puccini in Viareggio seine langjährige Gefährtin Elvira. »Madame Butterfly« wird bei der Uraufführung am 17. Februar in der Mailänder Scala vom Publikum vollständig abgelehnt. Doch bereits am 28. Mai rehabilitiert die Aufführung in Brescia – in nur leicht veränderter Form und Einteilung in drei anstatt zwei Akte – das Werk vollständig und leitet dessen überwältigenden Welterfolg ein.

1905 In Buenos Aires stürmisch gefeiert, erlebt Puccini dort gleichzeitige Aufführungen von fünf seiner Opern (»Edgar«, »Manon Lescaut«, »La Bohème«, »Tosca«,

»Madame Butterfly«) unter der glänzenden Leitung seiner Freunde Leopoldo Mugnone und Arturo Toscanini. Eine lange Suche nach geeigneten Stoffen für neue Opern beginnt. Reise nach London, wo Puccini Freundschaft mit dem ihm seit Jahren bekannten Tenor Enrico Caruso sowie mit der feinsinnigen Bankiersgattin Sybil Seligman schließt.

1906 Puccini hört an der Metropolitan Oper in New York mehrere seiner Opern und arbeitet persönlich mit manchem der damals weltbesten Sänger. Es kommt zu ersten Gesprächen mit David Belasco, dem Urheber der »Butterfly«, über dessen Drama »The girl of the Golden West« (»Das Mädchen aus dem Goldenen Westen«), das Puccini als Sujet für eine nächste Oper in Aussicht nehmen will.

1907 Nach langer Zusammenarbeit, die ebenso von beglückenden gemeinsamen Erfolgen wie von lautstarken Zerwürfnissen gezeichnet war, trennen Puccini und sein Textdichter Luigi Illica (»Manon Lescaut«, »La Bohème«, »Tosca«, »Madame Butterfly«) sich endgültig.

1908 Puccinis selten ganz problemloses Privatleben wird durch den Selbstmord einer jungen Hausangestellten, Doria Manfredi, schwer getrübt, die durch die grundlose Eifersucht von Puccinis Gattin Elvira in den Tod getrieben wurde. Das schon vorher unerfreulich gewordene Eheleben erfährt dadurch einen nicht mehr gutzumachenden Bruch.

1910 Puccini schifft sich im November neuerlich nach New York ein und wohnt dort am 10. November der glanzvollen Uraufführung seiner Oper »La Fanciulla del West« (»Das Mädchen aus dem Goldenen Westen«) bei. Unter Leitung von Arturo Toscanini sang Emmy Destinn die Titelpartie.

1911 Erste Aufführungen der »Fanciulla del West« in Europa: London (29. Mai), Rom (12. Juni), später Wien mit Maria Jeritza in der Titelrolle, einer der besten Puccini-Darstellerinnen aller Zeiten.

1912 Tod des großen Mailänder Verlegers Giulio Ricordi, der Puccinis Laufbahn wie ein väterlicher Freund aufgebaut

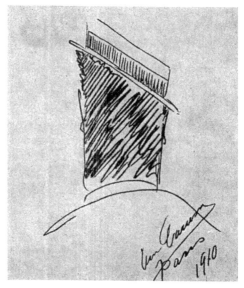

Karikatur Puccinis von Enrico Caruso, 1910

hatte. Sein Sohn Tito übernimmt das Haus, der zu Puccini ein weit weniger herzliches Verhältnis hat. Tod von Puccinis Lieblingsschwester Ramelde. Beginn des (wahrscheinlich letzten) Liebesverhältnisses Puccinis, der daran denkt, in Viareggio mit der deutschen Baronin Josephine von Stängel zusammenzuziehen. Ein Pamphlet mit schweren Angriffen gegen Puccinis Musik erscheint, verfaßt von Fausto Torrefranca. Die schon fast verzweifelte Suche nach einem neuen Textbuch geht weiter.

1913 Das Carltheater in Wien, wo Puccini zu einer Aufführung seiner »Tosca« mit Maria Jeritza weilt, bietet ihm einen günstigen Vertrag zur Komposition einer Operette an. Puccini beginnt die Komposition von »La Rondine« (Die Schwalbe).

1915 Der Eintritt Italiens in den Ersten Weltkrieg auf seiten der Alliierten stellt einer Uraufführung der »Schwalbe«

in Wien unlösbare Hindernisse entgegen. Puccini denkt immer ernsthafter daran, drei Opern-Einakter zu komponieren und zu einem Theaterabend zu vereinen. Er beginnt mit der Komposition des ersten, des »Tabarro« (»Der Mantel«).

1917 Puccini vollendet das zweite dieser Stücke, »Suor Angelica« (»Schwester Angelica«) und beginnt das dritte, »Gianni Schicchi«. Uraufführung der vom Wiener Theater freigegebenen »Rondine« (»Schwalbe«) im Theater von Monte Carlo am 27. März.

1918 Uraufführung des »Trittico« (»Triptychon«), des Zyklus der drei Einakter »Il Tabarro«, »Suor Angelica«, »Gianni Schicchi« am 14. Dezember in der New Yorker Metropolitan Oper. Unter der musikalischen Leitung von Roberto Moranzini ernten Claudia Muzio, Geraldine Farrar, Giuseppe de Luca u. a. stärksten Erfolg, in Abwesenheit des Komponisten, der so bald nach Kriegsende keine Möglichkeit zur Reise hatte.

1919 Er ist aber bei der italienischen Premiere am 1. Januar in Rom anwesend und verbeugt sich ungezählte Male unter dem Jubel des Publikums. Presse und Kenner zeigen sich differenzierter: Sie lehnen »Suor Angelica« überwiegend, »Il Tabarro« teilweise ab, sind sich aber über die Meisterschaft des »Gianni Schicchi« einig.

1920 Erstaufführungen des »Trittico« in Wien und London, zwei der puccinibegeistertsten Städte Europas. Arges Zerwürfnis mit dem alten Freund Toscanini, der das Werk deswegen nicht wie vorgesehen in London dirigiert. Puccini entschließt sich zur Vertonung von Carlo Gozzis »Turandot«. Ein sich seit langem ankündigendes Kehlkopfleiden verschlechtert sich und erschwert Puccinis Arbeit.

1922 Tod von Puccinis Schwester Iginia, die im Kloster gelebt hatte und vom Komponisten während der Arbeit an der im Nonnendasein spielenden »Suor Angelica« um Rat gefragt worden war.
Aussöhnung mit Toscanini.

1923 Galavorstellung der »Manon Lescaut« an der Mailänder Scala unter Leitung Toscaninis zum dreißigjährigen Jubiläum dieser Durchbruchsoper Puccinis. »Puccini-Fest-

Das Mausoleum in Puccinis Villa, in Torre del Lago

tage« auch in Wien. Schwere Arbeit an »Turandot«, die nicht mehr ganz beendet werden kann.

1924 Puccinis Gesundheitszustand hat sich unaufhörlich verschlechtert. Als letzte Rettung wird die Operation durch einen Kehlkopfchirurgen in Brüssel angeraten. Dorthin reist Puccini mit seinem Sohn am 4. November. Starke Bestrahlungen scheinen den Verlauf der Krankheit aufzuhalten, aber es kommt zum qualvollen Rückfall und zur Operation, die nur noch ergibt, daß der Krebs schon viel zu weit vorgeschritten ist. Puccini stirbt in der Brüsseler Klinik am 29. November um 11.30 vormittags. Eindrucksvoller Trauerzug durch Brüssel am 1. Dezember, riesige Begräbnisfeierlichkeiten in Mailand am 3. Dezember, vorläufige Beisetzung in der Familiengruft der Toscaninis.

1926 Am 25. April dirigiert Arturo Toscanini in der Mailänder Scala die von der gesamten Musikwelt mit höchster Spannung erwartete Uraufführung der »Turandot«, die inzwischen von Franco Alfano aus Puccinis Skizzen vollendet worden ist. Der Dirigent legt an der Stelle, da Puccinis Arbeit beendet werden mußte, den Stab nieder und spricht mit tränenerstickter Stimme zum Publikum die Worte, die der Komponist ihm selbst angegeben hatte: »Hier endet das Werk des Maestro...«, worauf das Publikum noch lange ergriffen und in tiefem Schweigen auf seinen Plätzen verharrt. Am nächsten Abend, dem 26. April, wurde die ergänzte Oper bis zum Ende gespielt und mit größter Begeisterung aufgenommen. Am 29. November wird Puccinis Leiche aus Mailand in die Villa von Torre del Lago überführt.

Die Opern Puccinis

1. *Le Villi:* 2 Akte (ursprünglich in einem Akt), Libretto von Ferdinando Fontana, nach einer deutschen Legende.

   Uraufführung am *31. Mai 1884* im Teatro Dal Verme, *Mailand.*
   Wilhelm Wolf (Bariton) . . . . Erminio Pelz
   Anna (Sopran) . . . . Rosina Caponetti
   Robert (Tenor) . . . . Antonio d'Andrade
   Dirigent: Giacomo Panizza.

2. *Edgar:* 3 Akte, Libretto von Ferdinando Fontana, nach Alfred de Musset.

   Uraufführung am *21. April 1889* im Teatro La Scala, *Mailand.*
   Edgar (Tenor) . . . . Gregorio Gabrielesco
   Gualterio (Baß) . . . . Pio Marini
   Frank (Bariton) . . . . Antonio Magini Coleti
   Fidelia (Sopran) . . . . Aurelia Cattaneo
   Tigrana (Mezzosopran) . . . . . . Romilda Pantaleoni
   Dirigent: Franco Faccio.

3. *Manon Lescaut:* 4 Akte, Libretto vom Komponisten, unter Mitarbeit von Domenico Oliva, Marco Praga, Luigi Illica, Giuseppe Giacosa und Giulio Ricordi, nach dem gleichnamigen Roman des Abbé Prévost.

   Uraufführung am *1. Februar 1893* im Teatro Regio, *Turin.*
   Manon (Sopran) . . . . Cesira Ferrani
   Des Grieux (Tenor) . . . . Giuseppe Cremonini
   Lescaut (Bariton) . . . . Achille Moro
   Geronte (Baß) . . . . Alessandro Polonini
   Dirigent: Arturo Toscanini.

4. *La Bohème:* 4 Akte, Libretto von Luigi Illica und Giuseppe Giacosa, nach dem Roman »La vie de Bohème« bzw. dem gleichnamigen Theaterstück, beide von Henri Murger.

Uraufführung am *1. Februar 1896* im Teatro Regio, *Turin.*
Mimi (Sopran) . . . . Cesira Ferrani
Musette (Sopran) . . . . Camilla Pasini
Rodolfo (Tenor) . . . . Evan Gorga
Marcello (Bariton) . . . . Tieste Wilmant
Schaunard (Bariton) . . . . Antonio Pini-Corsi
Colline (Baß) . . . . Michele Mazzara
Dirigent: Arturo Toscanini.

5. *Tosca:* 3 Akte, Libretto von Luigi Illica und Giuseppe Giacosa, nach dem gleichnamigen Drama von Victorien Sardou.

Uraufführung am *14. Januar 1900* im Teatro Costanzi, *Rom.*
Tosca (Sopran) . . . . Hariclée Darclée
Mario Cavaradossi (Tenor) . . . . . . Emilio de Marchi
Scarpia (Bariton) . . . . Eugenio Giraldoni
Dirigent: Leopoldo Mugnone.

6. *Madama Butterfly:* 2 Akte, Libretto von Luigi Illica und Giuseppe Giacosa, nach der gleichnamigen Erzählung von John Luther Long und dem daraus entwickelten Drama von David Belasco.

Uraufführung am *17. Februar 1904* im Teatro La Scala, *Mailand.*
Madame Butterfly (Sopran) . . . . . . Rosina Storchio
Suzuki (Mezzosopran) . . . . . . Giuseppina Giaconia
Pinkerton (Tenor) . . . . Giovanni Zenatello
Sharpless (Bariton) . . . . Giuseppe de Luca
Dirigent: Cleofonte Campanini.
Neue Fassung in drei Akten, Uraufführung am *28. Mai 1904* im Teatro Grande, *Brescia.* In der Titelrolle Salomea Kruceniski; als Suzuki Giannina Lucacewska, als Sharpless Virgilio Bellatti, ansonsten gleiche Besetzung.

7. *La Fanciulla del West (Das Mädchen aus dem Goldenen Westen)*: 3 Akte, Libretto von Guelfo Civinini und Carlo Zangarini, nach dem Drama »The Girl of the Golden West« von David Belasco.

Uraufführung am *10. Dezember 1910* in der Metropolitan Opera, *New York*.
Minnie (Sopran) . . . . Emmy Destinn
Dick Johnson oder Ramirez
(Tenor) . . . . Enrico Caruso
Jack Rance (Bariton) . . . . Pasquale Amato
Dirigent: Arturo Toscanini.

8. *La Rondine*: Operette in 3 Akten, Libretto von Giuseppe Adami, nach einem Entwurf von A. M. Willner und H. Reichert.

Uraufführung am *27. März 1917* im Hoftheater von *Monte Carlo*.
Magda (Sopran) . . . . Gilda dalla Rizza
Ruggero (Tenor) . . . . Tito Schipa
Dirigent: Gino Marinuzzi.

9. *Trittico (Triptychon)*: Uraufführung am *14. Dezember 1918* in der Metropolitan Opera, *New York*.

a) *Il Tabarro (Der Mantel):* Ein Akt, Libretto von Giuseppe Adami, nach dem Drama »La Houpelande« von Didier Gold.
Michele (Bariton) . . . . Luigi Montesanto
Giorgetta (Sopran) . . . . Claudia Muzio
Luigi (Tenor) . . . . Giulio Crimi
b) *Suor Angelica (Schwester Angelica)*: Ein Akt, Libretto von Gioacchino Forzano.
Suor Angelica (Sopran) . . . . Geraldine Farrar
c) *Gianni Schicchi*: Ein Akt, Libretto von Gioacchino Forzano.
Gianni Schicchi (Baß-Bariton) . . . . Giuseppe de Luca
Lauretta (Sopran) . . . . Florence Easton
Dirigent aller drei Werke: Roberto Moranzoni.

10. *Turandot*: 3 Akte, Libretto von Giuseppe und Renato Simoni, nach einem Märchen von Carlo Gozzi. Unvollendet vom Komponisten bei seinem Tode hinterlassen, ergänzt von Franco Alfano.

Uraufführung am *25. April 1926* im Teatro La Scala, *Mailand.*

Turandot (Sopran) . . . . Rosa Raisa
Kalaf (Tenor) . . . . Miguel Fleta
Liu (Sopran) . . . . Maria Zamboni
Dirigent: Arturo Toscanini.

Diskographie

Zusammengestellt von Albert Thalmann, Bern
Stand: Januar 1984
(Falls nichts anderes angegeben, sind die Aufnahmen in italieni-
scher Sprache gesungen)

T: Tosca, C: Cavaradossi, S: Scarpia, *Dir:* Dirigent, Or: Orchester, Ch: Chor

1920	T: Valentina Bartolomasi, C: Attilio Salvaneschi, S: Adolfo Pacini, *Dir:* Carlo Sabajno, Or & Ch: Teatro alla Scala Milano HMV 78 UpM
1929	T: Carmen Melis, C: Piero Pauli, S: Apollo Gran-forte, *Dir:* Carlo Sabajno, Or & Ch: Teatro alla Scala Milano HMV 78 UpM
1930	T: Bianca Scacciati, C: Alessandro Granda, S: En-rico Molinari, *Dir:* Lorenzo Molajoli, Or & Ch: Teatro alla Scala Milano Columbia 78 UpM
1938	T: Maria Caniglia, C: Benjamino Gigli, S: Arman-do Borgioli, *Dir:* Oliviero de Fabritiis, Or & Ch: Opera di Roma EMI
1942	T: Grace Moore, C: Fredrick Jagel, S: Alexander Sved, *Dir:* Cesare Sodero, Or & Ch: Metropolitan Opera New York UORC
1944	T: Grace Moore, C: Charles Kullman, S: Alexan-der Sved, *Dir:* Cesare Sodero, Or & Ch: Metropo-litan Opera New York UORC
1950	T: Maria Callas, C: Mario Filippeschi, S: Robert Weede, *Dir:* Umberto Mugnai, Or & Ch: Palacio de las Bellas Artes Mexico City HRE

1951   T: Adriana Guerrini, C: Gianni Poggi, S: Paolo
        Silveri, *Dir:* Francesco Molinari-Pradelli, Or & Ch:
        RAI Torino
        Cetra

1951   T: Simona Dall'Argine, C: Nino Scattolini, S: Sci-
        pio Colombo, *Dir:* Argeo Quadri, Or: Wiener
        Staatsoper, Ch: Wiener Akademie Kammerchor
        Eurodisc/Westminster

1951   T: Renata Tebaldi, C: Giuseppe Campora, S: Enzo
        Mascherini, *Dir:* Alberto Erede, Or & Ch: Accade-
        mia Nazionale di Santa Cecilia Roma
        Decca

1951   T: Maria Callas, C: Gianni Poggi, S: Paolo Silveri,
        Dir: Antonio Votto, Or & Ch: Teatro Municipale
        Rio de Janeiro
        VOCE

1951   T: Vera Petrova, C: Eddy Ruhl, S: Piero Campo-
        longhi, *Dir:* Emidio Tieri, Or & Ch: Maggio Musi-
        cale Fiorentino
        Remington

1. 7. 1952 T: Maria Callas, C: Giuseppe di Stefano, S: Piero
        Campolonghi, *Dir:* Guido Picco, Or & Ch: Palacio
        de las Bellas Artes Mexico City
        Cetra LO

1953   T: Maria Callas, C: Giuseppe di Stefano, S: Tito
        Gobbi, *Dir:* Victor de Sabata, Or & Ch: Teatro alla
        Scala Milano
        EMI/Columbia

1953   T: Carla Martinis, C: Rudolf Schock, S: Josef Met-
        ternich, *Dir:* Wilhelm Schüchter, Or & Ch: NDR
        Hamburg
        Ariola-Eurodisc (in deutsch)

1955   T: Gigliola Frazzoni, C: Ferruccio Tagliavini, S:
        Giangiacomo Guelfi, *Dir:* Arturo Basile, Or & Ch:
        RAI Torino
        Cetra

8. 12. 1955 T: Renata Tebaldi, C: Richard Tucker, S: Leonard
        Warren, *Dir:* Dimitri Mitropoulos, Or & Ch: Me-
        tropolitan Opera New York
        Paragon

1956   T: Zinka Milanov, C: Jussi Björling, S: Leonard Warren, *Dir:* Erich Leinsdorf, Or & Ch: Opera di Roma
RCA

1957   T: Magda Olivero, C: Eugenio Fernandi, S: Scipio Colombo, *Dir:* Emidio Tieri, Or & Ch: RAI Torino
Discocorp. Recital Records/BWS

1957   T: Antonietta Stella, C: Gianni Poggi, S: Giuseppe Taddei, *Dir:* Tullio Serafin, Or & Ch: Teatro San Carlo Napoli
Philips/Fontana

1957   T: Zinka Milanov, C: Franco Corelli, S: Giangiacomo Guelfi, *Dir:* Alexander Gibson, Or & Ch: Covent Garden Opera London
HRE

1959   T: Renata Tebaldi, C: Mario del Monaco, S: George London, *Dir:* Francesco Molinari-Pradelli, Or & Ch: Accademia di Santa Cecilia Roma
Decca*

9. 12. 1959 T: Renata Tebaldi, C: Giuseppe di Stefano, S: Tito Gobbi, *Dir:* Gianandrea Gavazzeni, Or & Ch: Teatro alla Scala Milano
CLS

1959   T: Maria Curtis-Verna, C: Jussi Björling, S: Cornell MacNeil, *Dir:* Dimitri Mitropoulos, Or & Ch: Metropolitan Opera New York
UORC

1960   T: Stefania Woytowicz, C: Sandor Konya, S: Kim Borg, *Dir:* Horst Stein, Or: Staatskapelle Berlin, Ch: Staatsoper Berlin
DG (in deutsch)*

1960   T: Jane Rhodes, C: Albert Lance, S: Gabriel Bacquier, *Dir:* Manuel Rosenthal, Or & Ch: Opéra Paris
Véga (in franz.)

* auch als Querschnitt erschienen

2. 10. 1961	T: Floriana Cavalli, C: Giuseppe di Stefano, S: Anselmo Colzani, *Dir:* Oliviero de Fabritiis, Or & Ch: Opera di Roma Melodram
1962	T: Leontyne Price, C: Giuseppe di Stefano, S: Giuseppe Taddei, *Dir:* Herbert von Karajan, Or: Wiener Philharmoniker, Ch: Wiener Staatsoper Decca*
1964	T: Maria Callas, C: Carlo Bergonzi, S: Tito Gobbi, *Dir:* Georges Prêtre, Or: Conservatoire Paris, Ch: Opéra Paris EMI*
1965	T: Maria Callas, C: Renato Cioni, S: Tito Gobbi, *Dir:* Georges Prêtre, Or & Ch: Covent Garden Opera London VOCE
1965	T: Maria Callas, C: Richard Tucker, S: Tito Gobbi, *Dir:* Fausto Cleva, Or & Ch: Metropolitan Opera New York HRE
1965	T: Maria Callas, C: Franco Corelli, S: Tito Gobbi, *Dir:* Fausto Cleva, Or & Ch: Metropolitan Opera New York HRE
1966	T: Birgit Nilsson, C: Franco Corelli, S: Dietrich Fischer-Dieskau, *Dir:* Lorin Maazel, Or & Ch: Accademia di Santa Cecilia Roma Decca*
1973	T: Leontyne Price, C: Placido Domingo, S: Sherill Milnes, *Dir:* Zubin Mehta, Or: New Philharmonia London, Ch: John Alldis Choir RCA*
3. 3. 1975	T: Virginia Zeani, C: Placido Domingo, S: Piero Francia, *Dir:* Giuseppe Morelli, Or & Ch: Gran Teatro del Liceo Barcelona LR

* auch als Querschnitt erschienen

1976   T: Galina Vishnevskaya, C: Franco Bonisolli, S: Matteo Manuguerra, *Dir:* Mstislav Rostropovich, Or: Orchestre National de France, Ch: Radio France
DG*

1976   T: Tamara Milaschkina, C: Wladimir Atlantow, S: Juri Masurok, *Dir:* Mark Ermler, Or & Ch: Bolschoi Theater Moskau
Melodia/EMI

1976   T: Montserrat Caballé, C: José Carreras, S: Ingvar Wixell, *Dir:* Colin Davis, Or & Ch: Covent Garden Opera London
Philips*

1978   T: Mirella Freni, C: Luciano Pavarotti, S: Sherill Milnes, *Dir:* Nicola Rescigno, Or: National Philharmonic Orchestra, Ch: London Opera Chorus
Decca

1979   T: Katia Ricciarelli, C: José Carreras, S: Ruggero Raimondi, *Dir:* Herbert von Karajan, Or: Berliner Philharmoniker, Ch: Deutsche Oper Berlin
DG

1979   T: Magda Olivero, C: Luciano Pavarotti, S: Cornell MacNeil, *Dir:* Nicola Rescigno, Or & Ch: San Francisco Opera
HRE

1981   T: Renata Scotto, C: Placido Domingo, S: Renato Bruson, *Dir:* James Levine, Or: Philharmonia London, Ch: Ambrosian Opera Chorus
EMI

Diese Diskographie erhebt keinen Anspruch auf Vollständigkeit – Hinweise betreffend Aufnahmen, die nicht erwähnt sind, werden dankbar entgegengenommen.

---

* auch als Querschnitt erschienen